扩大高水平贸易开放的税收政策研究

王婉如 著

中国财经出版传媒集团
中国财政经济出版社

图书在版编目（CIP）数据

扩大高水平贸易开放的税收政策研究 / 王婉如著. -- 北京：中国财政经济出版社，2022.9
ISBN 978 - 7 - 5223 - 1637 - 6

Ⅰ.①扩… Ⅱ.①王… Ⅲ.①对外贸易－国际税收－税收政策－研究－中国 Ⅳ.①F812.42

中国版本图书馆 CIP 数据核字（2022）第 142671 号

责任编辑：樊　闽　　　　责任印制：张　健
封面设计：陈宇琰　　　　责任校对：徐艳丽

扩大高水平贸易开放的税收政策研究
KUODA GAOSHUIPING MAOYI KAIFANG DE SHUISHOU ZHENGCE YANJIU

中国财政经济出版社 出版

URL：http：//www. cfeph. cn
E - mail：cfeph@ cfeph. cn

社址：北京市海淀区阜成路甲 28 号　邮政编码：100142
营销中心电话：010 - 88191522
天猫网店：中国财政经济出版社旗舰店
网址：https：//zgczjjcbs. tmall. com
北京中兴印刷有限公司印刷　　各地新华书店经销
成品尺寸：170mm×240mm　16 开　12 印张　202 000 字
2022 年 9 月第 1 版　2022 年 9 月北京第 1 次印刷
定价：53.00 元
ISBN 978 - 7 - 5223 - 1637 - 6
（图书出现印装问题，本社负责调换，电话：010 - 88190548）
本社质量投诉电话：010 - 88190744
打击盗版举报热线：010 - 88191661　QQ：2242791300

前　言

改革开放40余年来，中国经济在开放条件下取得高速发展，对外开放维度、领域、层次不断拓展，开放型经济水平不断提高，为构建新发展格局提供强大动力。然而，受到国际贸易环境变化和新冠肺炎疫情等多重不利因素，国际环境不确定性陡增，这些将对开放型经济产生深远影响。在“逆全球化”浪潮加剧下，2022年的政府工作报告重申了“扩大高水平对外开放，推动外贸外资平稳发展。”我国继续坚定对外开放步伐，从经济学角度如何思考这一选择？影响国际贸易开放的主要手段又有哪些？由于市场失灵的存在，导致政府干预成为必要。税收作为国家宏观经济调控的重要手段，尤其是涉外税收对扩大高水平贸易开放的影响十分重要。那么税收政策在扩大高水平贸易开放过程中效果几何？如何才能更加有效地发挥税收政策效果？围绕这些问题，本书将从关税、所得税、出口补贴等税收角度权衡分析贸易开放的影响效果，并形成系统性论述。在复杂多变的国际经济环境中，单一政策调整或实现单一政策目标往往显得势单力薄，有必要考虑宏观调控经济措施组合以最大化政策效果。本书将结合税收政策与支出、非关税壁垒等介绍，以期对扩大高水平贸易开放进行更深入的理解与探析。本书共分为八章，具体内容如下：

第一章为绪论，主要介绍了本书的研究背景与意义、研究内容与方法，以及主要贡献等。并分别从税收政策对国际贸易的影响、贸易开放对税收收入的影响方面对已有研究进行梳理与评述。

第二章介绍国际贸易与税收理论。基于国际贸易理论，本章梳理贸易发展的影响因素与贸易开放的度量方式；并阐述不同贸易理论下的税收政策主张，分析税收政策作用于国际贸易开放的机制。

第三章介绍中国对外贸易与税收政策发展概况。改革开放后，我国的贸易政策逐步向开放型发展，在贸易自由化的进程中逐步前进。我国扩大开放是顺应全球化大势的表现，近几十年世界经济发展实践也证实了开放是经济发展的重要动力。本章详细介绍改革开放后我国对外贸易与税收政策发展概况，并对比分析各国贸易开放水平。

第四章分析中国税收政策对贸易开放的影响。税收政策影响国际贸易规模与贸易开放程度，最终会影响贸易自由化进程。本章重点关注的税收手段有三种，即对进口贸易中征收的关税、出口贸易实施的出口补贴及对产品生产投入要素的所得税。通过构建 GTAP 模型分析不同税种（关税、出口退税与所得税）对贸易开放的影响。

第五章分析扩大高水平贸易开放的税收收入制约。税率的降低会刺激经济的发展，促进贸易往来。但是税负并非越低越好，尤其会受到财政收入的约束。贸易税收政策的调整会促进贸易开放，然而贸易开放可能会对一国财政带来负面影响，尤其是对于严重依赖贸易税收收入的发展中国家。这将对该国的贸易自由化进程起到抑制作用。此外，随着开放程度的加大会对国内产业、劳动力市场及收入分配等产生影响，在一定程度制约高水平贸易开放进度。本章在阐述影响贸易开放的经济制约因素基础上，选取税收收入为代表分析经济发展过程的不同阶段，贸易开放程度对税收收入的作用规律。

第六章介绍国外贸易自由化的税收政策经验。本章选择美国作为发达国家的典型代表，美国很早就实现了贸易自由化，分析在这个过程中税收政策的调整及对贸易与财政的影响。另外，也选择发展中国家贸易自由化成功与失败的经验，包括泰国与加纳在贸易自由化税收政策改革成功的做法，以及印度在贸易自由化过程中失败的经验教训，以便为我国提供宝贵的经验启发。

第七章分析高水平贸易开放的宏观政策组合。为了优化税收政策的作用效果，降低贸易开放给本国带来的负面影响，本章选择支出政策、贸易政策、非关税壁垒等宏观经济调节措施与税收政策组合搭配。税收政策搭配财政支出政策，调节收入分配差距，降低负面影响；税收政策搭配贸易政策，高水平贸易开放是国际贸易未来趋势，在此过程中税收政策需根据自由贸易、进口自由化、进口替代、受保护的出口导向型等贸易政策的选择不同而调整；税收政策搭配非关税壁垒，关税与非关税壁垒具有一定的互补与替代效果，推动更高水平贸易开放。

第八章为总结与展望。将结合世界经济发展新趋势、国际贸易发展的新格局，分析我国高水平贸易开放的新机遇以及面临的困难与调整，为我国推动高水平贸易开放的税收政策提出方向性建议。

本书在写作过程中，参考和引用了贸易和税收领域专家学者的理论观点和研究资料，并阅读和使用了国家相关机构和国际组织的统计数据，在此表示感谢。同时，感谢我的导师中央财经大学樊勇教授对本书写作给予的耐心指导和无私帮助，提出了许多参考价值的建议。感谢首都经济贸易大学财政税务学院领导和同事的帮助和支持。最后，感谢家人和挚友的支持和鼓励，给予我持续写作的勇气和动力。由于受到时间和能力的限制，本书中还存在一些疏漏和不足，恳请读者批评指正。

王婉如

2022 年 8 月

目录
MULU

第一章　绪　　论

第二次世界大战后，大多数国家都加速融入国际经济的一体化中，全球化的进程得以提高。全球化促进了贸易、资本、信息技术以及劳动力的跨国流动，鼓励了贸易与投资的自由流动。20 世纪以来，各国尤其是发展中国家纷纷加快贸易开放步伐，步入贸易自由化行列。而一国税收政策被认为是经济维持稳定增长及全球竞争力的必要制度，它能够给一国带来稳定的可持续的财政环境，使得国家能够积累资金资助本国的基础设施建设，提高公共服务及社会福利水平。

第一节　研究背景及意义

20 世纪中后期，世界各国尤其是发展中国家纷纷实施对外开放政策，开启贸易自由化的进程，大多取得了显著的成绩，世界经济快速增长，全球化进程加速。然而进入 21 世纪以来，尤其是 2008 年金融危机后，全球需求下降，经济疲软，贸易保护主义逐渐抬头。受新冠疫情影响，贸易保护主义更是强势抬头。而作为贸易自由的拥护者，中国坚定对外开放信念，不断提高对外开放水平。

一、国际贸易保护主义呈抬头趋势

近年来，贸易保护主义频频抬头。如 2018 年 2 月美国总统特朗普表示将对于进口钢材开征 25% 关税以及对于进口铝材征收 10% 关税。尽管该方案最终未被通过，但是美方并未打消贸易战的念头。2018 年 6 月 1 日美国宣布，正式开始对欧盟、加拿大和墨西哥的钢铝产品分别征收 25% 和 10% 的关税。自美国发布提高关税方案后，欧盟、加拿大与墨西哥都进行了报复。2018 年 6

月5日，墨西哥正式宣布对来自美国的一些钢材、猪肉、农产品和威士忌征收15%～25%的关税，加税产品清单涉及近30亿美元商品。同样，欧盟宣布从2018年6月22日起对自美国进口的价值约28亿欧元的产品征收关税。加拿大也采取手段从2018年7月1日开始正式对来自美国近126亿美元商品征收报复性关税，这也是加拿大自第二次世界大战以来最严重的贸易报复行为。2018年7月6日，美国对中国涉及约340亿美元商品征收关税，并有意对约160亿美元商品征收25%关税。同样，这也引发了中国的反击，也宣布对近500亿美元商品进行对等报复。随着后来新冠肺炎疫情的蔓延，贸易战才稍显冷却。但是伴随着疫情对全球经济产生的负面冲击，加剧了单边主义、贸易保护主义的强势抬头。如美国坚持“美国优先”战略，采取了多项单边行为，对多边贸易体制带来巨大挑战。贸易保护主义的抬头引发了对贸易保护与贸易自由的持续性激烈讨论，有关贸易保护还是贸易自由化的讨论及实践一直在探索之中。基于全球经济形势与背景的变化，各国的贸易政策也随之发生调整。

二、贸易壁垒逐渐偏向以非关税壁垒为主关税为辅

关税作为贸易保护的手段之一，尽管会对经济产生扭曲，但会对国内幼稚产业起到一定的保护作用，尤其是产业发展初期。中国关税税则委员会发布的关税实施方案显示，2007年后至2017年我国关税总水平维持在9.8%，在2018年11月起，该数值降为7.5%，2021年关税总水平降到7.4%。发达国家的总关税水平很低，约为3%；发展中国家的总关税水平比较高，约为15%。与WTO成员平均关税水平（约6%）相比，我国的关税水平相对较高。中国在加入WTO后，于2002年1月1日起开始全面下调关税，但是目前关税总水平与发达国家相比仍然较高。关税政策仍存在结构性的调整空间，对关税政策的研究也有助于我国在国际贸易中占据有利地位。

此外，非关税壁垒作为另一种贸易保护的手段，近年被发达国家广泛运用。例如，韩国在2020年上半年遭受的贸易救济调查累计219起①。我国非关税壁垒主要表现为“两反一保”，也包括加强进出口检疫、进口许可管理、配额管理以及特殊保障措施。相比发达国家而言，我国非关税壁垒品种较少，相关法律法规仍不完善，而且贸易便利化程度较低，通关环节等手续复杂。这些都是亟待解决的问题，以便更好地为国际贸易开放服务。

---

① 数据来源于韩国贸易协会，http：//www. kita. org/。

尽管货物贸易仍然是国际贸易的主题，各国的经济发展也越来越依赖于国际贸易，但服务贸易的迅速发展越来越受关注，尤其是疫情期间数字贸易的发展。由于服务业各行发展参差不齐，故应逐步开放，根据服务贸易总协定的条款和不同行业的发展状况制定出不同的服务部门开放时间和具体的开放规定。这与货物贸易有所不同，货物贸易开放主要体现在降低关税与一些非关税壁垒上。服务贸易更多地表现在开放市场准入条件等，需要把握好开放的时间和度。服务与货物贸易作为国际贸易的两个组成部分，同样也是现代经济发展的两个轮子。无论是针对服务还是货物，贸易壁垒的存在一定程度上阻碍了贸易的自由化。因此，在高水平贸易开放的研究视角中，有必要充分考虑关税与非关税壁垒。

三、全球竞争的加剧急需具有竞争力的税收政策

20 世纪 60 年代后国际贸易的飞速发展，使经济全球化及区域经济一体化成为世界经济发展的两大主题。当然中国也不可避免地被卷入这些浪潮中，这也增加了国家通过各项政策包括税收政策调节本国经济市场的复杂性，加重了对政策制定者的考验。面对复杂不稳定的全球经济形势，积极推动各项制度与政策的调整与完善，直面挑战，依然是当前最紧迫的任务。税收政策的调整既要遵循 WTO 原则，又要着眼于当前的宏观经济形势，增加税收政策的透明度，确保内资与外资企业公平竞争，建立科学、健全、规范、公平、高效、结构优化的税收制度，推动贸易更高水平地开放。

市场经济的健康有序运行离不开政府的宏观调控。税收政策作为政府宏观调控的重要手段，在推动社会发展方面起到了重要作用，可以促进地区经济实现可持续性发展。而我国税收政策工具尚有其未能发挥的作用，有待完善。在政府进行宏观调控中实施的政策手段，取决于对当前国际国内经济形势的分析判断。其中国家贸易政策的不确定性不仅会影响国内外生产者与消费者，而且还会影响政府财政收入。

财税改革一直受到各国政府以及学者们孜孜不倦的研究与探讨。一方面，在研究扩大高水平贸易开放的税收政策的同时，结合贸易政策进行分析。发展中国家通过降低关税增加贸易开放度，以实现贸易自由化为最终目标。国际贸易活动交易频繁的同时也带来了一些负面影响，如政府的贸易税收收入会下降。许多发达国家国内税基稳定，政府收入的损失可以通过提高产品销售税来抵消。然而在欠发达国家或者发展中国家，在贸易开放过程中受到税收收入的

约束可能会影响贸易自由化政策的推动。另一方面，在研究扩大高水平贸易开放的税收政策的同时，结合政府支出进行分析，保持政府预算平衡。贸易高水平开放给国内带来的风险可以通过政府支出政策进行调整，以尽可能地享受开放带来的益处，同时缩小其所产生的负面影响。故而，在研究扩大高水平贸易开放的税收政策时，搭配其他经济政策措施研究高水平贸易开放对税收、进出口贸易、社会福利等所产生的影响具有重要意义。

第二节　国内外研究现状

贸易与税收之间的关系研究一直以来都有，由于贸易税收政策尤其是关税会对国际贸易产生影响，反过来国际贸易也很可能会对税收收入以及税收结构产生影响。

一、国际贸易与税收关系的研究

（一）贸易税收政策对国际贸易影响的相关研究

国际贸易与外商投资在经济体中所占位置十分重要，政府一直致力于寻求各种方式以提高本国产品的国际竞争力，并为其配置伴随经济增长过程中的最有效税收政策，因而研究国际贸易开放背景下的税收体制的重要性不言而喻。从历史的角度看，发展中国家习惯使用贸易税收以及补贴、进出口配额以及非关税壁垒等规制其国际贸易。这些手段被用于达成政府的多重目标：提高财政收入、纠正市场扭曲、保护本国工业、改善贸易条件以及国内收入分配。贸易税收习惯于被用作为外生条件决定生产与消费水平（Dixit 和 Norman，1980；Farhadian - Lorie 和 Katz，1989）。然而，新古典主义认为，对国际贸易的干预会降低资源配置效率与国际竞争力、加速宏观经济失衡（Krueger，1995）。贸易所带来的短期与长期收益将有助于经济增长（Krugman，1990）。由于贸易自由化的经济效应不确定，因而在贸易自由化期间宏观经济政策应随着其对税收收入的影响而调整（Tanzi，1989；Blejer，Cheasty，1990）。这些政策包括数量限制、降低关税税率、出口鼓励、本币贬值以及国内税制改革。

研究税收制度不可避免会提到最优税收理论。贸易领域的最优化问题包括在技术限制、贸易以及国内税收收入等约束条件下的最优税收政策，以实现最大化社会福利。在研究贸易与最优税制理论的过程中有研究从贸易税收角度进行分析（Stern，1987）。贸易税收被认为导致了生产与消费扭曲。考虑到其征管成本，贸易税收仅被作为最优税制结构中的一部分来研究（Bliss，1987）。在政治经济学中财政与贸易理论反对贸易保护，由于贸易壁垒被利益群体用作竞争性的游说活动进而导致寻租行为（Krueger，1974；Bhagwati，1982）。一般认为贸易税收所造成的扭曲要高于财政政策的其他工具手段。所以当政府收入目标与贸易改革发生冲突时，应该调整国内税制结构以减少政府对贸易税收收入的依赖性（Linn 和 Wetzel，1990；Papageorgieu 等，1991；Rajaram，1994），考虑向国内所得税以及销售税过度转移将更能有效地增加公平与效率且又便于征管。Greenaway（1984）、Hitiris（1990）、Ram（1994）以及 Tanzi（1987）研究均发现贸易税收收入与进口及进口税收呈正相关关系，却与经济发展（人均国民收入衡量）负相关。这些研究证实了库兹涅茨假说即一国对于贸易税收收入的依赖性越低经济发展水平越高。

贸易税收政策研究中大多是围绕关税展开的，包括关税存在的原因及其合理性（Marshall，1922；Baldwin，1976；Frey，1984；Grossman 和 Helpman，1994；Andeson，1996；金祥荣，1993；吴家煌，1994；盛斌，1996；朱青，2008 等）。还有的学者将关税作为内生变量进行研究（Mayer，1984），从要素、外部性及政治经济学角度分别对最优关税进行了研究。Salvatore 于 1995 年提出观点认为最优关税与拉弗曲线相似，呈现倒 U 形状。此外，还有许多实证研究围绕关税来展开（Magee 和 Young，1987；Mansfield 和 Busch，1993；McCalman，2004；Yamazaki，2004）。中国学者对关税理论与政策的实证研究也十分丰富，分析了关税调整对我国贸易与经济、国内市场、企业、外商投资、产业结构等的影响，运用局部均衡分析（谢识予，1998；田志宏，2001）与一般均衡分析（李丽，1999；董勤发和杨丹芳，2005）方法，并提出中国关税结构与税率设置的建议。还有研究结合非关税壁垒进行研究，认为通过削减关税或降低非关税壁垒等贸易自由化措施可以有效提升下游制造业企业在最终品市场中的出口竞争力（毛其淋和许家云，2019）。

另外，围绕出口补贴政策对国际贸易的影响进行研究，出口补贴包括直接补贴与间接补贴，前者是指政府对于出口商品给予一定的现金补贴；后者是指政府给予出口商一些税收优惠政策如出口退税。国内学者在出口退税的理论分析上有不同的见解。有学者认为出口补贴可以鼓励出口，并提出了出口退税的重要性（金兴健，2002；刘剑文，2004）。然而，汤贡亮（2003）提出，理想的出口退税能够消除出口歧视，却不能起到鼓励出口的作用。还有学者指出了出口退税的两难选择，一方面中央政府财政乏力，出口退税款巨大，因而要求降低出口退税率；另一方面经济的发展需要激励企业扩大出口，而出口退税率的提高能增加企业竞争力，鼓励出口（阎坤和陈昌盛，2003）。国内学者也从实证角度分析出口退税对贸易的影响，陈平和黄健梅（2003）先从理论上分析了出口退税对出口贸易的影响，并且引入实际有效税率的概念进行论证；然后再运用 ECM 模型对面板数据进行协整分析，实证得出我国的出口退税政策会对出口贸易产生正向作用。然而，也有研究认为这种促进作用只是短暂的。刘穷志（2005）建立了一种激励模型，囊括了出口退税、产出、就业、出口量、税收收入等多个指标，通过实证分析发现出口退税政策只会短期影响出口贸易。尽管如此，也不能忽视出口退税政策可以作为一项激励出口贸易的短期战略手段。

大多数学者都认为贸易税收会对经济造成扭曲，对经济发展水平产生负面影响。有些学者认为政府将关税政策作为一国对外政策的重要手段，形成最优关税理论，认为适度的关税税率能够增加社会福利。我国学者们对出口退税政策影响国际贸易有不同的看法，包括对出口贸易产生促进作用、短期会影响出口贸易但长期并不显著影响等不同观点。

（二）国内税收政策对国际贸易影响的相关研究

许多研究税收政策对贸易的影响所得出的结论均不同，一些研究认为两者之间并无显著联系，另一些研究认为降低税收会导致出口增加。最初 Helpman（1976）开始研究财政政策与国际贸易之间的关系，建立小而开放经济体模型分析经常账户，假设经济体生产两种产品：可贸易品与不可贸易品，当政府支出增加时，无论支出是流向国内产品还是国外产品，都会导致贸易赤字增加。他认为政府对可贸易品支出的增加并不会影响经济产出或是就业。在 Helpman 建立的模型中将政府支出与税收作为效果一致的财政政策工具，增加政府支出就相当于降低税收。Frenkel 等（1991）讨论开放条件（要素与货物自由流动）下最优税收政策，认为为了降低税收所造成的经济扭曲，应该对缺乏弹性的商品以及要素课税；贸易开放会增加可贸易品以及国际资本流动的弹性，税收会影响这些商品以及要素的贸易交易。较少的文献对税收与支出同时进行分析，其中 Baxter（1992）在 Heckscher – Ohlin – Samuelson（HOS）模型基础上从不同的角度分析税收与国际贸易之间的关系，发现税收会影响贸易，但是政府支出不会。他通过建立 2×2×2 模型（两种产品即消费品与资本品、两种投入品即劳动与资本、政府税收来自两方面即总量税与特定部门税收），发现政府支出的变化并不会影响产品的国内价格因而也不会影响贸易量，除了在特殊情况下政府对于某种产品购买超过国内生产量外。

另外，Summers（1988）试图研究可贸易部门企业试图游说政府降低投资收益税率，而这理论上会使得该部门产出降低。如果全球资本能够自由流动，那么降低资本收益税收会导致资本回流，本币增值，出口受阻，经常账户甚至会出现逆差。为了分析短期与长期税收与贸易政策之间的关系，他建立了一个两阶段模型，其中税收会通过影响产品的相对价格进而影响贸易模式。可贸易产品被用于消费、投资与出口，而不可贸易产品为国内家庭与政府所消费。第一阶段资本是固定的，第二阶段随着贸易开放资本变得可流动。政府对家庭储蓄及企业投资所得征税，并假设可贸易品为资本密集型产品。Summers 认为，降低企业所得税，在长期，会使得税收利润最大化，这将会增加资本密集型产品产出与国际贸易量。为研究短期对需求的影响，加入家庭部门进行分析，认为提高储蓄征税会导致消费上升，不可贸易品相对价格也上升，可贸易部门规模下降。企业所得税降低则会增加不可贸易部门资本产出率，进而导致资本流入，本币增值从而降低了可贸易部门国际竞争力。因而 Summers 建议降低资本利得税，由于资本不能完全流动，许多投资者并不认为资本利得税的降低会引起大量资本流入。故降低资本利得税会增加可贸易的资本密集型产品税收利润而又不会导致持续性的贸易赤字。

Keen 和 Syed（2006）通过理论与实证分析研究 OECD 国家商品税以及企业税对出口的影响。研究中先建立两阶段模型，假设仅有一种商品即能同时被用作消费与投资。该模型中分析四种税收，其中两种是商品税包括对可贸易品按目的地征税以及原产地征税，另两种企业税为储蓄征税，无论是国内或是国外资本征税（residence - based）以及对国内的投资所得征税（source - based）。结果发现商品税对出口并没有显著影响，可能是由于假设只有一种商品，也就意味着商品税并不随时间以及产品发生变化。这一假设在现实市场中并不合理。企业税则对总出口有相反的影响效果。在第一阶段（短期），增加对国内投资税会降低国内投资量，提高对外投资，使得本币贬值，进而增加资本出口，贸易盈余将增加。第二阶段（长期），资本出口会增加企业的国外净收入，导致贸易差额减少。增加资本税则会导致相反结果，起初会降低出口，随后出口将增加。由于资本税对国内投资并无影响，降低储蓄净收益，增加消费者短期消费需求，短期投资的减少会导致贸易下降；长期低的国内净收益，导致本币贬值，则会增加贸易盈余。同时通过 27 个 OECD 国家 1967—2003 年的数据进行实证分析，用净出口在 GDP 占比作为被解释变量，并将其滞后一期作为解释变量，增值税 VAT 以及企业所得税（source - based）作为解释变量，选取一些控制变量进行固定效应分析，净出口当期又以税率的前一期以及前两期解释，前一期用于解释短期效果，前两期用于解释长期效果。研究发现商品税每增加 1%，短期总出口将减小 1.37%。之后两年又会使得净出口增加，总体上商品税对出口并无影响。增加企业所得税 1% 会导致当期出口增加 0.83%，下一年出口会减少 0.84%。长期出口下降额超过短期出口增长额。就总税收而言，起初会显著影响，但长期并不会影响出口。

税收政策对国际贸易结构、贸易规模及竞争力等的文献研究主要以国外学者为主，国内学者相关研究甚少。邓力平和王智烜（2011）研究增值税对国际贸易的影响并通过面板数据进行实证分析，得出在短期，增值税能增加国际贸易额；然而长期却并无显著的影响，表现出贸易相对中性的特点。程风雨（2015）研究所得税对国际贸易的影响并通过国际数据进行实证分析，结果表明公司所得税对净出口贸易存在促进作用。此外，还有一些学者研究税收竞争认为可以促进对外贸易，提高国际竞争力。税收竞争手段可以分为两类：一是鼓励出口的手段如出口退税、出口税收补贴；二是抑制进口的手段，包括常规（关税、国内税）与非常规的贸易保护手段（特别关税、报复性关税）。罗秦（2011）研究以中国—东盟为例，认为可以考虑这些税收手段以促进贸易的发展。国内税收手段与国际贸易的相关研究甚少，其中以增值税与所得税为主，但文献为数不多，其中所得税政策不失为影响进出口贸易的一种重要手段。

在研究国内税收政策对进出口贸易影响的文献主要集中在国内增值税与所得税的研究上，得出结果基本都表明增值税政策会在短期影响进出口贸易，但长期对国际贸易并无影响。而所得税政策会通过影响投资，进而影响资本流动，通过影响汇率对进出口贸易产生影响。但是对于所得税政策影响进出口贸易的过程及后果却有所不同。

（三）贸易开放对税收收入影响的相关研究

税收政策会影响国际贸易，而随着国际贸易的发展，贸易开放程度的加深，反过来也会对税收收入产生影响，从而影响贸易自由化进程。有关贸易与税收收入之间影响关系的相关研究较少，其中实证分析都集中于用不同国家的数据去验证贸易自由化对这些国家税收收入的影响。Nashashibi 和 Bazzoni（1994）运用28个撒哈拉以南非洲国家数据发现，本币贬值、贸易条件恶化以及进口自由化会逐渐侵蚀税基。Ebrill 等（1999）运用面板数据研究贸易自由化对贸易税收的影响，发现关税改革并不会降低贸易税收收入。

少量学者运用不同发展中国家数据实证研究贸易开放对税收收入的影响，所得出的结论不尽相同。Abed（1998）选取地中海以南地区（Southern Mediterranean Region）为研究区域，认为税制改革有必要对于关税减少进行弥补，但是该研究并没有对此提供实证分析。Adam 等（2001）运用撒哈拉以南非洲国家数据使用差分 GMM 模型进行动态面板估计，研究发现贸易开放度的加深会增加中非法朗区国家（CFA franc countries）税收收入，但是对于非法朗区国家却并无显著影响。Eltony（2002）采用16个阿拉伯国家数据研究税制结构以及税收努力程度的影响因子，发现在这些影响因素里面进出口在 GDP 占比为指标衡量的贸易开放对于税收收入有显著的影响。在此基础上，Nashashibi（2002）运用地中海以南阿拉伯国家数据实证分析发现这些国家贸易保护程度较高，因而贸易开放引发的税收下滑程度越大，进而影响贸易开放程度。Abgeyegbe 等（2004）同样采用撒哈拉以南非洲国家数据进行研究，发现贸易自由化并不会影响贸易税收收入。

另外，还有研究通过各种模型估计贸易开放对各项税收收入的影响进行实证检验，Khattry 和 Rao（2002）采用1970—1998年80个发展中国家与工业国家面板数据，建立固定效应模型进行实证分析发现贸易自由化与总税收收入和贸易税收收入有显著负相关关系。Agbeyegbe 和 Stotsky（2006）运用非洲国家数据建立 GMM 模型研究得出贸易自由化与所得税收入正向相关，但对总的税收收入无显著影响。权力大的政府往往很成功地改变了比他们小的贸易伙伴国的贸易政策，迫使他们开放贸易，降低这些小国的贸易税收收入。而对于小国而言，贸易税收往往是最易征收的（Antras 和 Miquel，2011），贸易的逐步开放对这些小国的影响很大，尤其是对政府收入的影响。

Gaalya（2015）运用乌干达国家数据进行固定效应模型分析发现贸易开放度与税收收入绩效水平正相关。Karimia 等（2016）选取97个发展中国家1993—2012年数据建立固定效应模型研究发展中国家贸易自由化对税制结构的影响，发现贸易开放程度提高并不影响税收收入，而关税税率下降却会显著影响发展中国家税制结构，关税下降所导致的贸易税收收入损失能从国内所得税以及销售税增加中得以弥补。也有些研究得出不同的结论。Rao's（1999）研究贸易开放与税基变化对贸易税收收入的影响发现低收入国家需要在收入减少与保护作用降低之间进行权衡。也就是说贸易开放会降低税收收入，同时由于关税税率下降导致对本国产业的保护作用也下降。由于各国大企业税收遵从度、税务机关征收能力、国家发展程度等的不同，贸易开放后国家从依赖贸易税收过渡到国内税收的能力以及时间长短都不同（Cage 和 Gadenne；2014），这也是一些国家贸易自由化进程失败的导火索。

自从 20 世纪中后期，许多发展中国家走上自由贸易道路，同时也申请加入世界贸易组织以及世界银行的救助项目（Jones 等，2011）。尽管学界中广泛认为贸易自由化会使得一国从贸易中获利，但是对财政收入以及收入结构的影响却各有不同。20 世纪 80 年代中期在发展中国家掀起的贸易体制改革热潮为分析税收结构变化提供了良好的实证数据支持。然而，贸易开放与税收收入之间的关系却没有统一的定论，两者之间的关系会受到诸多因素的影响，如税制结构及一国政府对税收的征管能力（Ebrill 等，1999；Keen 和 Ligthart，2002）。Tosun（2005）通过分析发现 20 世纪 80 年代中期，贸易开放使得非 OECD 国家税收收入从贸易税收逐渐过渡到以国内货物与服务税为主，而对于中东与北非国家税收收入却并没有表现出这种过渡趋势。这是由于尽管工业国家税制结构在一定程度上比较相似，而发展中国家的税制结构却千差万别（Tanzi，1992；Zee，1996；Tanzi 和 Zee，2000）。由依赖关税转向国内销售税将改善社会福利，同时提高政府收入（Michael 等，1993；Hatzipanayotou 等，1994；Keen 和 Ligthart，2002）。通常，贸易自由化的过程会伴随着税收改革如引进新的税种（如增值税）抑或是其他国内税收政策的调整（Agbeyegbe 等，2006）。

然而有学者认为在贸易开放初期，税收收入所受的影响较小。在这一阶段往往是降低高的关税税率、减少关税配额政策同时提高原先低关税商品的税率以趋于统一税率，因而可能会导致贸易开放初期贸易税收收入增加（Ebrill 等，1999）。随着贸易开放的深入到达一定程度，贸易税收收入才会下降，才需要考虑税收收入约束这一问题。

在研究贸易开放对一国税收收入的实证分析中，学者们的研究结论各不相同，研究贸易开放对总税收收入以及贸易税收收入影响方向各不相同，并未得出统一的定论。但是只有少数的研究表明贸易自由化会侵蚀税基，降低税收收入，尤其是在一些低收入国家。在低收入发展中国家贸易税收在税收收入中占有绝大多数比重，因为为了弥补在贸易开放过程中这部分税收收入损失，有学者认为可以辅之以政府支出政策或提高国内直接税与间接税税收的实际征收率、拓宽税基、提高政府支出效率、增加公共储蓄率、加强税收征管等（Glenday，2002）。

二、贸易政策、财政收支与收入分配等研究

贸易开放还是贸易保护一直都是备受关注的研究内容，当一国决定采用贸易开放政策时，很大程度上需要得到本国居民的支持。一方面，通过如关税等税收政策推动贸易开放，反过来会影响税收收入，而受其约束。另一方面，在贸易开放过程中，其他宏观政策的调整与变化也会影响到贸易开放程度，进而会影响本国经济。本国居民对贸易开放政策的支持也在很大程度上决定了贸易开放进程。

（一）贸易自由与贸易保护之间的争议

贸易保护还是贸易自由一直都是备受争议的讨论话题。一般而言，贸易越受保护，贸易开放程度越小；贸易开放程度越大，贸易就逐渐向自由化转变。贸易保护，顾名思义，是指一国为保护本国产业而在对外贸易中限制进口，并提供优惠政策提高产品竞争力的主张。在贸易保护主义下，一国虽然开放本国贸易，但是却对贸易实施限制措施。

如今随着各国贸易合作加深加强，贸易自由化已成为不可逆转的趋势。尽管在20世纪末各国关税大幅下降，但是仍然存在着各色各样的贸易保护理论或者干预主义。贸易壁垒作为衡量贸易保护的主要指标，受到许多学者的关注与研究。贸易壁垒设置除了起到保护本国产业的目的外，还有可能是政策当局为取悦特殊利益集团。Hillman（1982）率先从政治支持角度进行探讨，认为政策制定者会根据从特殊利益集团获得最大化支持的角度考虑产业保护水平进而决定贸易壁垒的设置程度。之后Grossman和Helpman（1994）在此基础上进行拓展，建立了严格的理论模型研究不同利益群体对保护主义的支持程度。理论分析表明在完全竞争市场，贸易保护程度取决于两个因素：进口需求弹性、进口与国内产出之比。其中前者表明贸易壁垒对社会福利的扭曲程度，后者表明政策对国内产业的影响。在实证研究方面，有研究认为贸易保护能提高产出率（Goldberg和Maggi，1999；Gawande和Bandyopadhyay，2000）。Ray（1981）通过实证分析美国贸易壁垒（关税与非关税壁垒NTBs）对进口的影响，发现其中NTBs主要会影响资本密集型与低技术劳动力行业，但是贸易壁垒对美国进口商的保护作用很低。Marvel和Ray（1983）分析美国关税与非关

税壁垒的决定因素，发现越是健康发展的产业得到的保护越少，而那些受政策以及出口商影响的产业得到的保护则更多。这也印证了 Peltzman - Becker 的规制理论，即贸易保护政策的制定并不是为了共同利益，而是为了取悦特殊的利益集团。Ray 和 Marvel（1985）估计了美国、加拿大、日本与欧盟国家的关税与非关税壁垒，发现这些国家贸易保护结构都很相似，尽管关税在这些国家都很低，但是非关税壁垒由于其隐蔽性而被广泛使用，尤其是在欧盟。Dick（1994）也发现 NTBs 被用来弥补关税税率下降对工业的影响。其中 Gawande（1995）发现在美国非关税壁垒被广泛地用作针对国外保护政策的报复手段。贸易壁垒作为贸易保护手段，所起到的保护本国产业的作用有限，更多地被用作一种利益手段。

贸易壁垒设置初衷是要保护本国产业，促进国内幼稚产业的发展。而贸易开放对本国经济的影响程度，这也一直是学界热点研究对象。学者们也通过不同研究方法测度贸易壁垒对经济增长的影响。其中最理想的衡量贸易开放度的指标就是贸易壁垒如平均关税税率和非关税壁垒指标。Anderson 和 Neary（1992）发表了贸易限制指标（TRI），其包含了各种关税与非关税壁垒的影响效果。其中，Lee（1993）、Harrison（1996）以及 Edwards（1998）的研究发现关税税率与经济增长之间存在显著负相关。Edwards（1992）、Sala - i - Martin（1997），以及 Clemens 和 Williamson（2001）的研究认为这种负相关关系很弱。也有研究表明两者是正相关关系（Rodriguez 和 Rodrik，2001）。Edwards（1992，1998）用 NTBs 作为贸易保护的测算指标进行实证研究，发现其与经济增长关系不显著。然而，这些研究却都忽略了不同国家的发展水平以及规模的影响。随着全球经济合作的加强，贸易开放将会是未来发展的大趋势，在这个过程中，配套相关的宏观政策以促进贸易开放，同时降低贸易开放所带来的风险及负面影响。

国外贸易壁垒研究主要从其存在的内在原因以及机制的角度出发进行研究，除了贸易保护的手段，更多的是为当局取悦特殊利益群体。由于各国规模、发展水平以及国情的不同，我国学者对于贸易壁垒的研究主要是集中于其作为一种贸易保护手段。因此更多的研究集中于细分不同贸易壁垒手段对本国产业以及经济的影响，而综合研究贸易壁垒的整体经济效应以及不同贸易壁垒之间比较的实证文献相对较少。

（二）贸易开放、政府支出与收入分配相关研究

不同经济体国内经济政治环境的差异导致政府支出效果差异的不同。由于

政府预算的约束，在研究贸易开放对税收的影响时，可以对政府支出进行综合研究。根据政府在进行成本与收益考虑侧重点的不同，研究贸易开放与政府支出的影响文献可以分为两类基本对立的假说：一类为效率假说，认为贸易开放会提高市场效率，减轻市场扭曲程度，从而降低政府支出规模。在这种情况下，政府只有开源节流，控制成本，提高管理效率，才能吸引要素流入本国。另一类为补偿假说，认为贸易自由化的发展将深化分工，且生产更向专业化迈进，这样会对就业率产生不利影响（Revenga，1992），增加经济的不稳定性（Koren 和 Tenreyro，2007）。因而政府需要扩大支出，以“补偿”贸易开放所带来的外部风险，稳定经济。学者们通过各个国家的数据对效率假说与补偿假说分别进行检验，也有少量的文献对这两类假说的逻辑基础提出了不同的看法及观点。

1. 对效率假说进行检验的文献研究

效率假说的理论逻辑在于贸易开放会提高市场效率，减轻市场扭曲程度，从而使得政府减少对市场的干预，降低支出规模。而实证研究中，对于效率假说提供证明的文献相对较少，Mitchell（2001）研究影响政府支出的变量，发现外贸依存度的变化会减少政府支出，符合效率假说，而其他控制变量在短期通常都不会有太大的变化。Islam（2004）通过研究发达国家贸易自由化与政府规模时发现，美国与澳大利亚数据符合效率假说，而加拿大、英国、瑞典和挪威的贸易开放与政府规模呈现正相关。Molana 等（2004）运用 OECD 国家数据研究贸易开放与政府支出规模之间的关系，发现在不同国家其方向、大小和变化速度均有差异，在其研究的 23 个 OECD 国家中意大利、瑞典与比利时符合效率假说的预测，而日本、挪威和英国数据支持补偿假说。此外，瑞士、冰岛、法国、西班牙、荷兰与爱尔兰等国家贸易开放对其政府规模并无显著影响，其余国家贸易开放与政府规模有着相关关系。Abizadeh（2005）的研究发现贸易自由化加深，人均政府支出规模变小，同时政府愈发依赖市场的资源配置能力，尤其是在那些小而开放的经济体中。Liberati（2007）通过 OECD 国家数据表明开放与政府规模成负相关关系。

然而，Hicks（1988）以及 Edwards（1996）发现，在一些发展中国家贸易开放会伴随着政府支出的减少，是由于贸易开放会导致收入减少，进而才导致政府降低财政支出。研究认为税收收入的增加与财政支出的减少这些都是可以通过整体调整，进而减少净收入或净支出变化幅度。Benarroch 和 Pandey（2008）的研究虽然表明贸易开放伴随着政府支出规模的缩小，但研究表明贸易开放对经济波动的影响并无显著关系。

2. 对补偿假说进行检验的文献研究

补偿假说的理论逻辑在于贸易开放会带来专业化以及分工的加深，增加外来风险，加剧国内经济波动，从而导致政府支出规模的扩大。起初，Cameron（1978）利用OECD国家数据提出贸易开放可能会与政府规模成正相关关系，随后Ruggie于1982年提出“补偿假说”理论，直到Rodrik（1997）研究政府支出与贸易开放成正相关关系，认为由于贸易开放使得外部风险增加，政府有压力，从而会增加社会安全支出以抵御风险。并在1998年发表文章中首次进行了详细的实证分析，将Cameron的样本数目进行扩充至125个国家，并建立一般均衡模型解释说明贸易开放与政府规模的直接关系，实证研究证明了贸易自由化的加深会带来更大的外部风险，从而加剧国内经济的波动。因而政府在货物采购支出以及社会保障等方面的支出会增加以抵御外来风险，降低经济的波动。由于数据处理方式可能存在遗漏变量，Alesina和Wacziarg（1998）认为虽然表面上贸易自由化过程伴随着政府支出规模的增加，但是贸易开放对政府规模的正向影响本质上是各国规模的不同所导致。他们还进行实证研究，提出国家规模会同时影响两种变量，一方面由于规模经济，国家规模越大，政府人均支出规模将越低；另一方面生产力的原因导致政府规模越大，经济体越倾向于封闭状态。也就是说小而开放的国家更趋向于大的政府支出规模。

与Rodick（1998）、Alesina和Wacziarg（1998）实证方法不同，Ram（2009）运用PWT6.1（Penn World Table data version 6.1）数据库中1960—2000年大量的面板数据，控制了未观测到的国家层面变量并考虑时间异质性，得出的实证结论支持“补偿假说”。除了Islam（2004）、Molana等（2004）的研究外，Garen和Trask（2005）的研究也发现在越不开放的经济体中政府规模会较大。Swee - Hui等（2008）通过马来西亚、泰国、菲律宾以及印度尼西亚等国家的数据进行实证分析，发现长期贸易开放与政府支出规模之间存在显著正相关关系。

3. 两种假说均不支持的文献研究

除了对效率假说与补偿假说进行检验后，得出支持这两种假说预测的结果外，还有少量研究发现不同于这两种假说的逻辑基础。这又分为两种：两者之间并无显著关系以及收入不同国家两者之间关系不同。

Shelton（2007）研究发现，即使在低收入国家，贸易开放并不伴随着政府支出增加。Dreher 等（2008）也认为政府支出并不会影响贸易开放。Benarroch 和 Pandey（2008）运用面板数据以及政府消费支出的数据实证研究贸易开放与政府规模之间的关系，研究并未发现贸易开放与政府规模正相关。Cavallo（2008）、Islam（2004）以及 Molana 等（2004）通过时间序列数据分析，得出政府支出并没有缓解外部风险，贸易开放与政府支出并没有显著影响关系。

还有一些研究发现，在贸易自由化改革进程中政策并不会直接对公共支出产生额外的压力。贸易开放将本国置身于全球市场经济中，导致收入以及相关价格波动性增加，这将会伤害到对价格与收入较为敏感的群体。因而建议政策应该偏向于这部分人群增加财政支出（Blejer 和 Cheasty，1990；Gupta 和 Nashashibi，1990；Cornia 和 Stewart，1993；Cornia，2001）。然而由于缺乏足够的政治压力，一些国家政府更倾向于选择增加军事支出来解决不安定因素（Ndikumana，2001）。

（三）贸易开放与财政预算约束相关研究

贸易开放对政府收支平衡的影响相关研究中，Imbs 和 Wacziarg（2003）、Klinger 和 Lederman（2006）等人的研究发现国际贸易导致分工深化，专业化的加深与经济发展水平呈一种 U 形关系。Down（2007）研究认为，第二次世界大战后的 OECD 国家贸易开放水平并没有加剧价格和需求的波动反而是减轻了，这是由于出口市场的集中导致贸易伙伴的风险下降（Clavallo，2007）。因而，贸易开放是否会增加外部风险在本质上是一个经验问题（Giovanni 和 Levchenko，2009）。尽管如此，政府如果通过财政支出的增加防范风险，那么会受到财政收入的制约。由于贸易开放背景下本国税收收入会受到影响，进而也会一定程度地限制政府支出的规模。另外，贸易开放对居民收入分配差距具有一定程度的影响，有研究认为收入差距大会向政府施加压力，使得政府通过增加财政支出调节收入差距（Meltzer 和 Richard，1981；Roberts，1977；Romer，1975）以换取居民对贸易开放政策的支持。所以贸易开放过程中政府的支出规模同样会受到财政收入的影响。此外，Rao（1999）发现在富国与穷国中贸易开放与财政收支的关系不一样，尽管贸易开放带来的外部风险需要国家增加社会安全保障支出，但是穷国只能以牺牲其他支出的前提下增加社会保障支出，否则就将使财政预算约束不平衡。

三、简要评述

贸易自由还是保护一直是学者们研究的关注点，贸易开放却是一直提倡与鼓励的。大量的文献从经济发展水平的角度研究贸易政策，少数研究围绕税收政策与贸易开放之间关系进行展开，其中增值税对国际贸易的影响研究中均发现尽管短期有影响，但是长期增值税对国际贸易并无显著影响。所得税对国际贸易的影响文献中所得出的结论不尽相同。有些研究认为贸易开放与税收收入之间并无显著关系；有些研究却表明两者有正相关关系。可能是因为学者们所选取的国家样本数据不同，因而所分析的背景以及国家经济政治等状况的不同而导致结论不尽相同。而我国学者基本是从税收政策对国际贸易的影响角度进行研究，而从贸易开放或贸易政策对贸易税收与总税收收入的影响角度进行研究的几乎没有。

另外，贸易开放背景下税收政策搭配的其他宏观调控政策中如财政支出的相关研究中，国内外学者也纷纷用各国数据进行实证分析，得出的结论也是有所不同，并未达到一致观点。而很少有文献研究政府支出与贸易开放在不同收入国家之间的关系、税收政策的变化促进贸易开放会受到财政收入及政府预算的约束。

综上，现有关于贸易政策与税收相关政策之间的研究仍存在着一些不足：

第一，忽略了不同发展程度的国家，尤其是发展中国家在贸易自由化进程中国内因素的影响会导致贸易开放受税收收入的影响有所差异。随着全球化步伐加快，各国合作与竞争的加深，国际形势的变化，可能会对研究产生一定的冲击与影响。在发展中国家，税收政策对贸易开放的影响仍需深化定性与量化结合的综合研究，实证分析有待进一步深入。

第二，基于国际贸易框架和规则对贸易税收政策抉择影响角度的相关研究较为缺乏，尤其是在经济新常态下，全球市场需求不振，经济疲软。在这种情况下，贸易保护主义逐渐抬头，贸易税收政策尤其是关税政策重新被重视且运用。结合这些因素，贸易开放对贸易税收、国内税之间相互影响关系的研究甚少，有待进一步补充以及深入探讨。

第三，在贸易政策与其他宏观政策组合的研究中，有关贸易开放对政府支出的影响研究中有两种假说分别是从市场效率以及外来风险等作为逻辑出发点进行考虑。尽管有研究从政府支出的明细进行分类研究，然而在实证研究中考虑并不全面。例如，财政支出中收入分配的调节能力是其重要的作用，贸易开放会影响就业进而影响收入差距。因此，政府通过财政支出手段可以调节收入分配，进而弥补贸易自由化进程中所带来的缺陷。然而很少有研究考虑到贸易开放甚至可能会扭曲政府支出对收入分配的调节能力，这种扭曲作用很可能对财政政策的收入分配调节能力产生溢出效果，进而影响到社会福利。目前研究对于贸易开放影响政府支出规模所带来的收入分配效应关注度还不够，尤其是对于发展中国家政府干预较大的经济体的研究。

第四，缺乏将贸易政策所带来的优劣影响作为整体进行研究，进而对于其所产生的负面问题运用不同政策进行调节。其中从政府收支角度研究贸易开放对税收、财政支出等的影响，反过来运用这些政策进行调节等，相关研究十分不足，根据不同国家贸易自由化进程进行理论研究与实证研究尚需加大研究力度。

第三节 研究内容及贡献

尽管国际上有关贸易自由还是贸易保护的辩论一直在延续，但各国 20 世纪中后期的国际政策经验以及我国改革开放的实践均表明对外开放能促进一国的经济贸易发展。在当今复杂多变的国际经济环境下，我国继续扩大高水平开放，这就给国内的经济政策提出一定的要求。因此，本书从税收政策角度研究推动扩大高水平贸易开放，主要内容包括五个部分：

一、研究内容

（一）高水平贸易开放的衡量指标及其评价

在研究扩大高水平贸易开放的税收政策之前，首先，要对贸易开放进行详细阐述及说明，明确高水平贸易开放的政策含义。其次，贸易开放是一个动态的过程，因而需要对贸易开放的程度进行量化，以便于之后进行理论与实证分析。通过选取指标，对贸易开放程度进行度量，以评价及考察贸易开放程度的不同所带来的经济影响。再次，分析中国贸易开放的水平及其历史发展脉络，明确我国贸易开放所处的阶段，与他国进行对比。最后，分析我国继续扩大贸易开放程度的必要性，以明晰研究主题。

（二）税收政策对国际贸易的影响

在国际贸易的博弈中，任何国家都可以通过三个政策工具达到自己的目的：一是关税；二是补贴即政府给本国生产出口商品进行补贴；三是贸易壁垒即利用关税或者配额等对进出口商品的品类或数量进行限制。一般而言，使用关税可以增加财政收入；使用补贴可以保护国内企业尤其是生产效率低的行业；使用贸易壁垒可以用来报复、威胁其他国家，使得他国不会轻易提高关税。20 世纪末期，许多国家纷纷采用出口导向战略，开放贸易。贸易自由化进程所带来的益处也得到许多发展中国家的实践证明。而从税收政策的角度进行分析以扩大高水平贸易开放值得进一步研究。

书中将税收政策划分为贸易税收政策与国内税收政策。其中贸易税收政策主要是指与国际贸易直接相关的税收，从进口与出口两个方面分别进行研究。进口方面包括关税、进口增值税与消费税：第一，关税直接影响进口商成本进而直接会影响国际贸易水平。由于关税容易量化，在学者们的研究中通常将关税税率作为衡量贸易开放程度的主要指标。第二，进口增值税：2016 年 5 月 1 日，我国全面实行“营改增”政策，进口增值税也同样适用。并且符合一定条件下，进口增值税可以进行抵扣。因而增值税总体不会出现太大的波动。第三，进口消费税：目前我国很多高档的奢侈品都未被纳入消费税征收范围。出口方面主要为出口补贴政策，是鼓励出口的强有力的税收政策，其中作为出口补贴的重要部分即出口退税政策，对于出口贸易的影响较大。因此，在贸易税收政策的实证研究中主要选用关税政策与出口补贴政策。

国内税收政策方面，分为直接税与间接税政策，其中由于增值税作为流转税，税负可以转嫁，并不会直接或者很大程度上影响成本。而所得税作为直接税中较大的税收收入占比之一，企业所得税会压缩生产者的利润空间，尤其是在资本可以跨国流动的全球化经济下，对于资本要素征税过高会引发资本外流，对实际利率产生影响，反过来又会影响实际汇率，最后影响国际贸易的发展。根据内部汇率贬值理论，所得税的削减可以促进出口贸易（Keen 和 Syed，2006；Alworth 和 Arachi，2008）。在我国税制结构中，所得税主要是对资本要素的使用征税，对于企业利润征税的所得税占很大比重，这会影响出口企业的积极性，对出口商品与出口型企业产生不利影响，阻碍贸易的发展。而个人所得税政策通过影响要素的价格转而增加产品的生产成本，提高最终产品的价格，降低贸易品的价格竞争力，影响国际贸易的发展。尽管我国实施了对外开放政策，但资本市场却是相对封闭的，因而所得税的变化通过实际利率与实际汇率等途径对国际贸易产生影响需要较长的时间。故在国内税收政策的研究上主要选用所得税政策进行研究。

（三）扩大高水平贸易开放的税收政策制约因素

并不是所有发展中国家贸易自由化的进程都会很顺利，享受其给经济带来的好处。这一进程中会受到财政收支、居民收入分配等各方面因素的制约。其中，在贸易政策的过渡期，很容易产生财政赤字现象。在许多欠发达以及发展中国家，通常管理水平低、税收征管效率不高。还存在大量非正规部门，这些部门税收未能及时征收。而且广泛存在游说团体限制了税务机构在某些部门的税收收入。这些因素都会限制国内税基的扩大，政府不得不将财政收入转移到较易征收的贸易税收中。因而，在贸易自由化的进程中，关税税率的下降对贸易税收收入的负面影响是这些国家需要考虑的主要问题，这也在很大程度上决定了贸易自由化政策的成功与否。

在这些制约因素研究中，书中将选取税收收入进行理论与实证分析。一方面，对于国内直接税收的影响包括两个方面：其一是贸易开放带来国际分工的加深、专业化生产以及自动化生产，可能导致就业岗位的下降或是人工工资的降低，进而降低个人所得税收入。然而，很难对厂商在贸易开放深入进程中的雇佣问题下定论，这还取决于贸易开放后的经济增长效果及一些其他因素等。其二是贸易开放对企业所得税的影响途径之一是汇率，贸易开放导致一国受到国际经济波动影响加大。一般而言，贸易开放后进口价格会低于国内同种商品的价格，会使得本币贬值。很有可能导致实际汇率下降，进口投入品的相对价格上升，企业的成本相对提高，从而降低企业净利润，自然企业所得税就会减少。反过来，本币贬值，出口商销量会增加，这也会抵消投入品成本提高带来的影响，因而最后对企业所得税的影响不确定。另一方面，对于国内间接税的影响主要表现为销售税或增值税、消费税，关税税率下降导致进口增加，国内生产进口替代品的销量会受到负面影响，从而降低了间接税税基；然而长期而言，贸易开放会促进经济增长，又能扩大税基，增加间接税收入，因而对间接税收入的影响作用很可能相互抵消。本书研究在高水平贸易开放进程中对税收收入的影响，进而整体把握调整税收政策的幅度，以最小化税收收入的牵制从而阻碍继续扩大贸易开放的进程。

（四）国外在贸易自由化中税收政策做法

国际经验借鉴部分主要目的在于分析在采用不同贸易政策的背景下各国政府税收政策的改革方向与措施，以便为我国在继续扩大高水平贸易开放调整税收政策时提供相应的经验借鉴。因而在国家的选取上，先选择了美国作为发达国家的典型代表，美国很早就实现了贸易自由化，在这个过程中税收政策的调整以及对贸易与财政的影响如何，以作为一个参考。其次，还将参考发展中国家贸易自由化进程中税制改革的经验做法。分别选取了贸易自由化政策推行成功的泰国与加纳以及推行失败的印度，从正反两个角度进行研究，为我国今后持续推进高水平贸易开放的过程中税收政策需要注意的方面提供借鉴与参考。

（五）税收政策如何搭配其他宏观政策实现扩大高水平贸易开放

贸易自由化给经济发展带来的好处是巨大的，但同样也会带来一些问题。20 世纪中后期，一些发展中国家贸易自由化进程失败的主要原因在于没有控制住贸易自由化的负面影响，使人们对该项政策支持度下降，丧失信心。因而在通过税收政策促进高水平贸易开放过程中，除了在财政收入约束下适当降低税率外，对于贸易开放程度加大所带来的一些负面影响同样需要搭配其他宏观调控政策以更好地发挥税率调整促进贸易开放的作用。

从财政预算平衡的角度，对于贸易自由化过程中给一国经济所带来的问题，本书认为可以发挥财政支出政策作用进行调节，如缩小收入分配差距，改善社会福利，弥补少数群体在贸易开放加深进程中的损失以获取他们的支持。对于外来风险加大进行预防，以便缩小贸易自由化的成本，尽可能地享受贸易自由化过程中所带来的益处。另外，可以搭配贸易壁垒政策，在建立健全传统贸易保护措施的基础上，降低通关环节等壁垒，提高贸易便利化程度，进而更好更快地推动贸易开放程度。同样作为贸易壁垒的两种方式，关税相对于非关税壁垒既有互补性又有替代性。因而，研究税收政策与其他宏观调控政策的搭配组合对于贸易开放的深入甚至是贸易自由化的实现有很大的助益。

二、研究方法

本书的研究方法包括定性研究与定量研究相结合、理论分析与实证分析相结合、比较分析以及规范研究等。

1. 从交叉学科的角度进行了理论分析。交叉学科的研究有利于扩展研究视野，对于所要研究的问题进行多角度、多层次的分析。从宏观经济学与微观经济学角度，将国际贸易与税收相关理论进行了有机的结合，以多学科经典理论为基础构建本书的理论框架，跳出税收学的视野分析税收问题，使理论分析更加全面且多层次。

2. 用国际贸易领域广泛运用到的 GTAP 模型进行实证分析。GTAP 模型是以一般均衡理论为基础构建的多国一般均衡模型，是一种比较静态模型，很适合分析税收政策变化对贸易、社会福利水平等各个经济变量的影响。通过构建 GTAP 模型研究分析一国税收政策对于进出口贸易、产业部门等的影响，为促进贸易发展扩大贸易开放的税收政策优化提出政策建议。

3. 以面板数据静态回归分析、动态回归分析和联立方程模型为工具进行实证分析。通过对各种数据的整体和统计计量方法的应用，分析贸易与各项税收及财政支出的关系。同时，结合一定的数理结构模型进行深入的机制探讨，采用面板数据混合回归、固定效应、随机效应、差分 GMM 以及系统 GMM、联立方程进行 3SLS 等模型估计方法进行实证分析，从而使书中得到的研究结论更具科学性。

4. 国际比较分析与本土分析相结合。研究分析了贸易自由化进程中的利弊，及其对财政与贸易的影响，对理论成果利用文献综述的方法，进行了详细全面的梳理；同时对美国与泰国、加纳、印度等发展中国家的贸易政策与税收情况进行了对比分析，并对我国改革开放以来贸易及税收政策的发展进行梳理与总结。

三、研究贡献

随着全球化的深入发展，各国合作与交流日益频繁。开放背景下税收政策需要及时调整，以促进更高水平的贸易开放，扩大国际贸易发展规模。税率的调整会受到税收收入等约束，因而降低幅度有限。另外，通过财政支出等其他宏观政策的组合搭配，可以在享受贸易开放所带来的经济益处的同时，降低如外部风险加大、收入分配不公等负面影响。本书主要的贡献为：

第一，运用 GTAP 数据库试图分析不同税制下税率的变化对贸易规模的影响。以往许多研究都集中于单个税种的影响，本书试图从关税、所得税、出口补贴等不同的税收政策角度进行权衡分析对经济与贸易的影响效果。研究发现相比关税政策，降低同等幅度的所得税与增加同等幅度的出口补贴政策更加能促进国际贸易的发展。

第二，研究发现贸易开放与税收收入并非线性关系。本书认为在经济发展的不同时期，贸易开放对税收收入的影响不同。起初乃至是中期，贸易开放与税收收入呈现正相关；到后期，贸易开放与税收收入呈现出负相关关系。拓宽了贸易开放与税收收入关系的研究领域。

第三，本书立足于新的视角即扩大高水平贸易开放可能会对本国经济市场所带来的优劣影响对税收政策的调整进行分析，对贸易自由化可能带来的问题进行配套政策完善，试图减少贸易开放的成本。并从政府收支角度考虑综合研究高水平贸易开放对税收、财政支出等的影响，反过来运用这些政策进行调节，从理论上丰富和扩展了国际贸易与税收政策的研究视角。

第四，通过 3SLS 方法研究发现贸易开放与政府支出之间关系既不符合效率假说又不符合补偿假说，而是满足倒“U”形关系。用发展中国家数据进行实证分析为少量支持 U 形假说的研究提供了补充。

第二章　国际贸易与税收理论

不管国际贸易理论如何发展，始终是围绕着贸易自由主义还是贸易保护主义这两个主题开展，理论上完全开放贸易能给一国经济带来多重好处。实践中由于市场失灵的存在导致自由贸易理论受到影响。因而，许多学者认为适度保护的自由贸易理论是较好的政策选择。税收政策的改变会作用于国际贸易，影响贸易规模、贸易结构等，进而影响贸易开放水平及自由化进程。贸易开放会对一国财政收入带来一定的影响，尤其是那些依靠贸易税收收入的发展中国家政府。有些学者认为即使贸易开放程度加深会受到税收收入的约束，政府可以通过国内税收结构的调整，使财政收入从主要依靠贸易税收转向国内税收收入，确保政府收入的稳定。通过贸易税收政策推进高水平贸易开放，同时用国内税收政策保证税收收入的稳定。

第一节　影响国际贸易发展的因素分析

政府的干预很大程度上会影响贸易开放水平，其中贸易壁垒作为一国对国际贸易活动中所实行的各种限制手段，很大程度上会影响国际贸易的发展。从影响需求的直接角度考虑，可以将这些限制措施分为价格限制与非价格限制。因而，本节影响因素从价格因素与非价格因素两个方面进行分析。其中价格因素主要是政府通过征税，影响商品价格进而影响相对价格与贸易水平；非价格因素表现为贸易便利化程度以及人为设置的各种标准等非贸易壁垒。

一、价格因素

影响对外贸易的因素很多，从经济学角度考虑包括价格和需求。故国内外商品的价格差是很重要的影响因素，而随着全球化的发展，各国合作与贸易的加深，价格差中政府可干预的一个主要因素就是税金。例如关税，国外商品进入国内是在其东道国价格基础上再加上关税，这进一步又会影响进口商品的需求量。

提高进口关税税率，进口品成本增加，不利于自由贸易。相反，降低关税税率能扩大贸易开放，促进对外贸易，这也是从关税及贸易总协定 GATT 到世界贸易组织 WTO 一直提倡并为之努力的目标。虽然 WTO 成员关税平均水平较低，这只是减少了贸易保护，而非完全取消贸易保护。然而，目前全球自由贸易区以及区域经济一体化等的出现是能够同时兼顾自由贸易利益与国家利益。自贸区及关税同盟国家内是零关税，但对外仍然存在一致关税，体现出一定程度的贸易保护作用。在进口环节设置关税，会影响产品价格，进而影响产品生产及销售等环节，导致生产的垂直非一体化趋势愈发明显，足以见得对于产品某一环节的保护很可能会给相关诸多环节带来不利影响。

此外，进口环节征收的增值税与关税一样都是一种限制贸易的手段。不同的是，国际贸易中对进口商品征收的增值税范围与国内商品一致，这种无差别地征收增值税，对本国产业的保护作用没有那么明显。但是在征收增值税的国家中，增值税作为商品税中最广泛的一种，会对产品整个环节均产生影响。尽管理论上增值税是中性的，税负可以转嫁。同一类中间投入品，既可以用于生产也可以用于消费。如果生产不同类型产品，其所处的增值税税率不是同一挡位，这就会造成一定效率的损失，从而降低社会福利。在我国海关进出口环节，可以凭借海关的完税凭证作为增值税的进项税抵扣凭证，只要在该环节缴纳增值税即可，无须考虑货款是否支付。

进口消费税同进口增值税相同的是，对进口商品征收的消费税与国内商品一致。截至 2021 年，我国消费税征收 15 个税目，有许多高档品还未纳入征税范围。而且不同纳税产品中消费税税率档次是有差异的，娱乐游艇等消费税税率才 10%，化妆品消费税税率达 15%。与进口增值税不同的是，进口消费税是一种选择性税收，其征收范围较狭小，而且由于其在商品销售环节征收，不会再向后传递其影响。因而，在生产环节征收增值税等实现课税目的的，也可以通过在销售环节征收消费税达到调控的目标，进而对进口贸易产生影响。另外，消费税对国内市场产品的主要经济效应体现在能够抑制盲目消费且调节贫富差距等方面。

进口贸易环节涉及的税收包括关税、进口增值税与消费税。它们均会对贸易水平产生一定的影响，只是影响程度不同。进口增值税偏中性，进口消费税征税范围较小，关税成为价格中影响税金最大的变量，进而影响贸易开放进程。

二、非价格因素

如今世界上的许多国家和地区纷纷加入世界贸易组织，从而使各国关税的水平都受到约束。因此，关税的影响程度会减小，而一些非价格因素的影响范围却在增加。

一方面，非关税壁垒因素，依据世界贸易组织相关协议，成员国可以运用反倾销与反补贴等非关税壁垒对本国进口商品进行调查，在一定条件下对从其他成员国进口的商品课以反倾销与反补贴等特别关税税目。关税与非关税壁垒有很多不同之处。

第一，非关税壁垒比关税具有更大的灵活性、针对性。非关税壁垒审批手续较为简单，时间较短，而且可以根据国家的不同情况进行相应的调整。不如关税那样需要经过法律程序同时又受到最惠国待遇条款的约束。

第二，非关税壁垒较之关税，更加具有隐蔽性及歧视性。关税税率往往通过法律法规对外公布，而非关税壁垒往往是不公开的，或是其标准及手续十分繁杂，让出口商疲于应付，而且往往会针对某个国家的出口商品采取具体针对措施，这就增加了非关税壁垒的歧视性。

第三，非关税壁垒不受汇率变化的影响，它可以排斥价格机制而直接发生作用。所以由于非关税壁垒的各种特征，其越发受到许多国家重用，进而阻碍了自由贸易。传统的非关税壁垒主要包括通关环节壁垒、进口配额、进口许可证制、自动出口限制等。随着国际贸易的加深，近年来新形式的非关税壁垒层出不穷用以保护本国产业，如技术性壁垒、绿色壁垒、知识产权壁垒、社会壁垒及动物福利壁垒等。

另一方面，贸易的便利化程度也会对贸易往来产生影响，影响贸易发展及对外开放进程。WTO 定义贸易便利化为“国际贸易程序的简化和协调”①。国际贸易程序包括货物贸易相关的运输制度、程序和手续，以及与开展国际贸易所需要的数据和信息的收集、提供、交流与处理的行为、惯例和手续。WTO 对贸易便利化的界定性条文主要是分散在《原产地规则协议》《进口许可程序协议》《海关估价协议》《技术性贸易壁垒协议》《装运前检验协议》及《实

① http：//gtad. wto. org/trta_subcategory. aspx？ cat = 33121.

施动植物卫生检疫措施的协议》等。[①] 简而言之，贸易便利化是针对货物贸易，通过采取简化行政手续、通关程序、新技术新标准和相互承认协调等方式，减少或消除国际贸易中的技术性和机制性障碍。贸易便利化将会对一国对外贸易尤其是出口贸易产生显著的促进作用，通过降低进出口通关时间与成本，从而增加企业利润，对贸易产生正向激励作用。同时，将促进全球要素的跨境流动，扩大贸易开放程度。

第二节　不同贸易发展理论下税收政策选择

一国对外贸易政策实践过程中会运用各种贸易政策工具，这就促进了国际贸易理论与实践的发展。而税收政策作为一种重要的经济调节工具也被广泛地运用其中，从而形成了不同贸易理论下对税收政策的不同选择及偏重。

一、古典贸易理论中贸易税收政策的选择

古典贸易主义认为由于各国生产要素禀赋的差异导致了分工的出现。在贸易税收政策上主张政府应该降低关税，取消贸易限制，实行自由贸易政策。古典贸易理论中贸易税收政策的分析主要表现为三种观点：

第一，绝对优势理论。1776 年，古典经济学的创始人亚当·斯密在《国家财富的性质和原因的研究》一书中提出了绝对优势学说，认为由于各国之间的技术水平的不同导致了生产效率以及产品相对成本的不同。这种绝对差异的存在导致了分工的产生。从各国具有要素禀赋绝对差异角度来分析，出口相关税收的征收会严重影响原先资本与劳动这两种要素的最优组合，从而使得该国丧失原先具备的“绝对优势”。相反，实施出口退税则能提高资源的有效配置，在全球范围内降低浪费现象。所以根据绝对优势理论，对出口贸易退税或者不征税，有利于资源配置、保持产品的绝对优势。

第二，比较优势理论。大卫·李嘉图（1817）提出的比较优势理论认为假设一国没有绝对的优势，但只要根据“两利相权取其重，两弊相权取其轻”的原则，集中主要生产资源去生产其相对优势的产品并出口，对于相对劣势的产品只需进口即可，选择此种方式也能够提高资源的配置效率及生产率。从税

① 刘军梅等．贸易便利化：金砖合作国家的共识［M］．上海：上海人民出版社，2014：3.

收负担的角度看，李嘉图认为一国对于其具有比较优势的产品征收关税或者不实施出口退税，那么就很有可能会使得该国丧失比较优势，甚至会使整个分工状态和贸易发生逆转。因而比较优势理论鼓励出口退税而不支持对出口产品征税，认为这样才是公平贸易的表现。

第三，要素禀赋理论（H－O 理论）。1919 年，郝克歇尔提出了要素禀赋基本理论，后经过其学生俄林的继承与完善，发展成了要素禀赋理论。该理论认为，国际贸易产生的直接原因在于价格的不同，由于各国生产要素的禀赋差异导致了要素价格的不同，从而影响了同类商品的生产成本，因而同类产品在各国存在相对价格差。究其根本，要素禀赋差异是导致两个国家之间贸易往来的根本原因。所以在国际贸易中，一国应该用本国富裕且低廉的生产要素生产出来的产品以交换本国稀缺且昂贵的要素生产的产品。根据 H－O 理论，俄林认为关税会减少销售量以及增加进口产品成本，不利于分工以及专业化生产。同时，关税会减弱国际市场上贸易均衡价格趋势，阻碍国际资本流动，从而破坏了经济发展的内在要求。因而要素禀赋理论认为消除保护性关税将会促进国际分工，提高资源有效配置，最终促进本国经济的持续发展。

二、保护贸易理论中贸易税收政策的选择

保护贸易理论认为政府应该对国际贸易进行必要的干预，才能在国际交往中维护本国的经济利益。因而在贸易税收政策上主张运用关税政策保护本国产业，出口退税手段刺激本国出口贸易的发展，通过扩大对外贸易实现经济的发展。

（一）重商主义中贸易保护理论

14 世纪末的重商主义认为只有金银才是国家的物质财富，因而提出国家应该对经济进行干预的观点，同时鼓励出口，限制进口贸易，对国内产业进行保护。美国独立后的第一任财政部部长汉密尔顿主张将关税作为保护贸易的主要措施之一，并建议可以运用出口退税手段鼓励出口。

（二）幼稚产业保护理论

幼稚产业保护理论源于 18 世纪后半期汉密尔顿，发展于 19 世纪中期德国经济学家弗里德里希·李斯特。他在《政治经济学的国民体系》一书中提出根据生产力的发展状况，一国的经济发展可以划分为不同阶段，包括原始未开

化阶段、畜牧阶段、农业阶段、农工业阶段、农工商业阶段。一国在经济发展不同阶段应采用不同的政策取向，故而自由贸易政策并不适用于每个经济发展阶段。也就是说在一国还未充分发展起来时，国内一些产业正处于发展初期还不能与国外产品进行竞争，因而此时要实施贸易保护政策以保护这些幼稚产业促进其发展。待这些产业发展起来并具有国际竞争力时，才能逐步实行贸易自由化政策。对于贸易税收政策方面，李斯特强调关税是保护国内幼稚产业发展的主要手段之一。关税政策实施初期尽管会提高产品价格从而使得本国商品在国际市场上竞争力降低。但是一段时间后，国内发展水平的提高会降低生产成本，从而降低商品价格。在这个过程中，关税政策应不断地进行调整以适应工业化水平的发展。

（三）凯恩斯主义贸易保护理论

凯恩斯主义者主张政府应该对经济进行干预，在贸易政策方面认为贸易顺差可以扩大有效需求，影响就业与经济增长。由于出口具有乘数效应，因而建议国家综合运用财政、货币、收入分配等政策对本国产业进行保护。并利用关税壁垒、差别税率等措施，配合贸易限制政策，减少进口；同时采用出口补贴政策如贷款优惠、出口退税等措施促进出口。

（四）“中心—外围”理论

1949 年，阿根廷经济学家普雷维什出具的一份名为“拉丁美洲的经济发展及其主要问题”的报告，该报告中明确地提出了“中心—外围”思想理论。他认为根据国际分工，技术进步的发达国家形成了世界经济体系的“中心”，而处于落后地位的发展中国家沦落为经济体系的“外围”。在国际贸易中，“外围”国家以生产和出口初级产品为主，“中心”国家则以生产和出口工业产品为主。而这种分工状况并不利于“外围”国家的发展。因而，普雷维什主张发展中国家应该选用贸易保护政策，采用关税政策保护本国贸易，进而改善贸易条件及产业结构。尽管他主张保护性关税，但是反对过度保护，认为可以逐步降低关税，缩小发展中国家与“中心”国家之间的生产力差距。

三、新贸易理论中贸易税收政策的选择

20 世纪 80 年代以来出现了对各种新的贸易理论进行综合的趋势，这种综合的成果被称为“新贸易理论”。在此基础上，格罗斯曼、赫尔普曼与克鲁格

曼提出了战略性贸易理论。在进行贸易理论分析时引入规模经济与不完全竞争等，对于要素禀赋和技术相似国家间的贸易往来以及产业内贸易量急剧上升等国际贸易新现象进行了解释。规模经济可以降低生产成本，提高商品在市场上的竞争力。同时，企业又可以通过差异化生产出满足不同消费者需求的产品，以此获得垄断地位。规模经济与差异化生产往往是矛盾的，前者是生产大量同质产品，后者是生产小规模的异质产品。而通过国际贸易可以解决这一矛盾现象，将不同国家看成是小批量的市场，规模生产满足这个国家的产品；对于其他国家则根据不同市场需求进行差异化的大量生产。

因此，新贸易理论认为政府在税收政策的制定中应首要考虑企业，尤其是有发展前景的企业，以助其获得在国际贸易中获得规模经济。比如在本国企业规模相对较小、国际竞争力相对较弱时，采取关税保护、限制进口等贸易措施对本国企业进行保护，待企业发展到一定规模或具有国际竞争力时，采取鼓励出口的税收优惠，扩大企业规模从而实现规模经济。

上述三类贸易税收政策选择的分析，主要以关税为核心内容，自由贸易理论主张实施低关税或无关税，保护贸易理论主张实施高关税，新贸易政策理论则主张通过适度关税来改变贸易条件，支持某些企业提高竞争优势。当今随着现代贸易与国际税收的不断发展，世界性关税税率的普遍下降，进口商品贸易税收在调节贸易利益方面的作用开始日益凸显。贸易税收政策是整个经济政策的延伸，是能够有效地调节贸易并实现贸易目标的重要政策措施。

第三节　税收政策影响国际贸易发展的机制分析

经济决定税收，税收反作用于经济。而贸易作为经济中的一环，会对税收收入产生影响。同样税收政策也会反作用于贸易的发展，影响对外贸易水平以及贸易结构等。

一、价格是税收政策影响国际贸易的直接传导枢纽

价格可以调节市场供需，因而一国所采取的许多政策也是通过调节相对成本及相对价格从而对经济产生影响。大多数经济学家都赞同一个观点即经济现象是由货币衡量的社会分工、交换关系。因而为了研究方便，通常用货币单位进行度量以进行大量的实证研究。货币可以表现为价格或成本，成本又被看成

是价格的重要组成部分或是价格形成的基础，故而在研究市场上许多经济问题或经济政策的时候，可以化繁为简，归根为价格问题。在市场中价格可以表现出很多形式，如生产者价格、消费者价格、要素价格以及商品价格等，也有通过各种比率的形式表现如汇率、利率、指数等方式，尽管有多种表现方式，但统一而言，其实质都是表现为某种商品或者服务的价格。

税收政策影响对外贸易发展的作用机制表现为两种：一种是税收政策通过影响组成商品的要素价格进而影响商品的成本，形成了各国商品之间比较优势的差异，各国在国际贸易中的地位发生变化。故税收可以通过影响贸易模式与贸易条件进而对该国进出口贸易水平及贸易发展产生影响。另一种是税收政策通过影响进出口商品的相对价格，进而影响进出口贸易。商品价格包括成本、利润、税金三部分。进一步解析，商品价格由四个基本要素构成，包括生产成本、流通费用、利润及税金构成。对于国际贸易商品而言，税收政策或工具具体包括两大类：对进出口商品征收的贸易税收（如关税）、与国内其他经济活动一样对生产、消费及要素使用征收的国内税。如表 2－1 所示，价格是经济行为主体做出其决策的主要参考信息，而消费者与生产者作为市场经济中最重要的主体，他们的决策选择对贸易的影响十分重要。Dixit 和 Norman（1982）甚至认为在大多数情况下，生产者价格与消费者价格是一国政策影响其经济的唯一渠道。假设忽略各环节的流通费用及利润，则消费者价格等于世界价格加关税再加上消费税，生产者价格等于世界价格加关税再减去生产税。可以看出，税收政策通过影响外贸商品价格，进而影响生产者与消费者的决策，最后影响贸易水平。

表 2－1　　外贸商品价格构成表

<table>
<tr><td colspan="3">生产环节</td><td colspan="6">流通环节——外销</td><td colspan="3">流通环节——内销</td></tr>
<tr><td rowspan="2">生产成本</td><td rowspan="2">生产利润</td><td rowspan="2">生产环节税金</td><td colspan="3">出口环节</td><td colspan="3">进口环节</td><td rowspan="2">流通费用</td><td rowspan="2">批发/零售利润</td><td rowspan="2">批发/零售环节税金</td></tr>
<tr><td>流通费用</td><td>出口利润</td><td>出口环节税金</td><td>流通费用</td><td>进口利润</td><td>进口环节税金</td></tr>
<tr><td colspan="3">生产者价格</td><td colspan="3"></td><td colspan="3" rowspan="2"></td><td colspan="3" rowspan="3"></td></tr>
<tr><td colspan="6">出口价格</td></tr>
<tr><td colspan="9">进口价格</td></tr>
<tr><td colspan="12">消费者价格</td></tr>
</table>

注：表 2－1 资料整理来自王德章．价格学［M］．2 版．北京：中国人民大学出版社，2011．

二、税负转嫁或补贴等间接方式影响国际贸易发展

价格是税收政策影响国际贸易的中间传导变量，也是直接传导枢纽。除此以外，税收政策还会通过一些间接方式或途径去影响外贸商品价格，进而影响国际贸易的发展。生产者或者进出口商及批发、零售商的利润均会受到税收政策的影响，但是他们可以通过税负转嫁的方式将税收负担转移给他人，包括前转、后转、混转等方式，进而间接地影响商品价格，最终影响进出口贸易的发展。另外，一国可以通过补贴改善商品流通环节费用进而降低商品价格，这一间接的方式调节国际贸易。例如出口补贴政策，政府对于出口商品给予直接补助或间接补助，以鼓励出口贸易。包括政府向出口商提供的现金补助以及政府给予的税收上的优惠如出口退税等。某种商品得到出口补贴后，一方面会导致商品的出口价格与国内价格不一致，进而影响国内市场的供给。另一方面又会降低出口商品的成本，形成出口的价格优势，恶化贸易条件。然而，成本的降低会增加企业利润，导致企业扩大规模加大市场供应，有利于形成规模效应。久而久之，会有更多的企业进入市场，市场竞争加剧，则有利于培养企业的核心竞争力。因而在贸易开放过程中，需要及时调整相关贸易税收政策，改变依靠价格的竞争方式，培养出核心竞争力及产品的比较优势。

三、国际贸易税收政策的效应分析

用一般均衡分析国际贸易税收政策效应，假设市场是完全竞争，包括要素市场及产品市场，而且生产规模报酬不变，消费者追求其效用的最大化，生产者追求成本最小化。另外，还假设国内的劳动要素是可以自由流动的，但土地在部门之间不完全流动。下文通过建立方程组进行理论分析：

$$Y = A \cdot F(K,L) \tag{2-1}$$

$$Y = C + I + G + X - M \tag{2-2}$$

$$\frac{Q}{P} = A \cdot F_K(L/K) \tag{2-3}$$

$$\frac{W}{P} = A \cdot F_L(K/L) \tag{2-4}$$

$$\frac{Q}{P} = \frac{Q}{P_I} \times \frac{P_I}{P_{GDP}} \times \frac{P_{GDP}}{P} \tag{2-5}$$

$$\frac{W}{P} = \frac{W}{P_C} \times \frac{P_C}{P_{GDP}} \times \frac{P_{GDP}}{P} \tag{2-6}$$

$$I = I\left(\frac{Q}{P_I}\right) \tag{2-7}$$

式中，Y 为潜在总产量；A 为技术进步；K 为资本量；L 为劳动量；C、I、G、X、M 分别代表消费、投资、政府购买、出口与进口总量；P 为不含间接税的综合价格指数，式（2－1）为总量生产函数；F_K（·）与F_L（·）分别为偏导数，即代表增加一单位资本或劳动要素对产量的贡献度；Q/P 和 W/P 分别表示资本与劳动投入的边际产出。假设短期内 A 与 K 是不变的，而由于劳动力可以自由流动，故 L 则是可以随时变化的。但由于工资刚性的存在，实际工资 W/P_c 在短期内不会发生变化。

分析国际贸易税收政策的短期影响：假设政府降低进口贸易税（这里做简化处理，可以看作关税），会促进进口贸易；同时含税的 GDP 价格指数会下降，之后产生的影响传导路径如下：

$$P_{GDP}\downarrow \xrightarrow{\text{式}(2-6)} \frac{P_{GDP}}{P}\downarrow \xrightarrow{\text{式}(2-6)} \frac{W}{P}\downarrow \xrightarrow{\text{式}(2-4)} F_L(K/L)\downarrow$$

$$\xrightarrow{(K\text{短期不变})} L\uparrow \xrightarrow{\text{式}(2-1)} Y\uparrow$$

$$P_{GDP}\downarrow \rightarrow \cdots \rightarrow L\uparrow \xrightarrow{\text{式}(2-3)} \frac{Q}{P}\uparrow \xrightarrow{\text{式}(2-5)} \frac{P_I}{P_{GDP}}\text{不变}$$

$$\xrightarrow{\text{式}(2-5)} \frac{Q}{P_I}\uparrow \xrightarrow{\text{式}(2-7)} I\uparrow$$

其中，短期内基本不发生变化的量有 A、K、W/P_c、P_c/P_{GDP}、P_I/P_{GDP}。通过上述传导路径的分析，可以发现降低关税税率能够刺激投资与进口贸易，促进生产、消费及就业。

另外，分析国际贸易税收政策的长期影响；降低进口贸易税，在短期内会促进生产与投资，增加劳动力投入，使经济总产量增加。在长期，由于资本是可变的，投资增加会刺激资本存量的提高，从而为经济持续性稳定增长起到贡献作用。但就业并不会一直增加，由于会受到人口总量及结构的限制。

第四节　贸易开放与封闭下的税收政策

为避免混淆以及厘定不清，有必要对本书中的主要概念进行界定。

一、贸易开放的定义及度量

世界银行将贸易开放定义为一种接近于没有政府干预下的或者更为中性化的贸易体制、政策或行为。而与此相对的另外一个概念贸易自由化，是指从封闭的或是严重保护的贸易体制逐渐转变为开放的、自由的贸易体制的一种过程。同样也是一种状态，即在转变过程中，一国或地区贸易体制所表现出的最明显的特征。贸易自由化既是一种过程，又是一种状态。Cooper（1972）却认为贸易自由化应该被看作是一个过程而不是一种状态，更不要把贸易自由化与放任自流联系起来，有必要认真区分贸易自由化的类型和特征。实施自由贸易体制是需要具备诸多条件的，如健全的市场经济体制、完善的宏观调控体系等等。在任何一国或地区都需要一定时间或一个过程来达到这些条件，否则欲速则不达。因此，谈论贸易自由化，不能忽视其过程性（廖涵和房师杰，2000）。

贸易自由化是一种过程，而贸易开放是其中的条件。随着开放的扩大，贸易自由化逐渐向一种更深层次发展。Krueger（1978）通过研究发展中国家高度保护贸易现状，指出贸易自由化是指用适度的进口关税或出口补贴取代数量限制。Papageorgiou 等（1991）强调贸易自由化的主要特征表现为贸易体制中性化和政府干预弱化。Dean（1994）认为贸易自由化是更多地应用价格体制使得贸易制度更加透明，国内价格更接近于世界价格的一种过程。涂红（2006）认为贸易自由化应该使得国家的贸易体制向中性化和自由化发展。其中，中性化意味着通过改变经济中的相对价格而改变价格体系，在出口部门和进口部门中采用不偏不倚的均衡优惠政策。Bhagwati（1969）强调中性化是自由化的核心。进口替代战略不鼓励出口，而是鼓励国内销售，在这种状况下如果加之鼓励出口的政策措施则可视为向自由化方向转变。贸易自由化是指减少政府对本国对外贸易的管制，贸易自由化通常需要减免货物及服务关税以及进口相关税收、降低贸易壁垒如进口补贴与配额。同样包括了取缔贸易扭曲政策，开放市场，降低市场准入门槛以及垄断或寡头垄断力，在国家内以及国家之间资本与劳动能够自由流动，及建立自由贸易区等。贸易自由化也有可能以诸如自由贸易区、自由贸易协议包括单边、多边以及区域协议等形式存在。

综上，贸易开放是一国在一定时期内通过国际分工、生产要素流动、国际专业化生产和国际贸易等对国际经济的参与程度。参与程度越高意味着贸易开放度越大。自由贸易是指一种在不受政府干预下贸易商自由买卖的一种贸易政策，一国减少对外商品和服务进口所采取的各种限制，包括关税以及非关税壁垒。贸易自由化的特点表现为开放性、中性化、政府干预弱化与过程性，贸易开放是贸易自由化的其中一个体现。越是高水平的贸易开放，说明贸易自由化发展程度越深。

贸易开放的度量方法有很多，概括起来其衡量体系主要由两大指标构成：一类是经济指标，主要是利用各类反映国际贸易发展的经济指标来刻画一国的贸易开放程度，常用指标为外贸依存度。外贸依存度是指进出口总额在 GDP 中的占比，是目前使用较多的贸易开放度指标。该指标能够较好地反映一国贸易总量的变化，却不能捕捉到贸易的扭曲程度，因而有一定的缺陷，受到一些学者的质疑（Edwards，1998）。为了弥补这一不足，一些学者提出用平均关税税率、实际关税税率（关税收入占进口比值）、汇率黑市溢价来度量贸易开放（Anderson 和 Neary，1994；Levine 和 Renelt，1992）。鉴于单一指标的局限性，一些学者提出用能够反映一国贸易总量和贸易政策变化的各种信息如关税、贸易配额、黑市溢价、经济体制和贸易企业的市场竞争程度等作为复合指标进行衡量，但是复合指标对数据的要求较高。因而，本书对贸易开放的指标上选取较为常用的两个指标，即外贸依存度与平均关税税率进行分析，其中外贸依存度作为总量指标包括进口与出口贸易。

二、开放与封闭的税收政策对比

贸易开放，相对于贸易封闭而言，代表一国积极主动地与他国进行经济交往，积极参与到全球竞争与交换中，以生产和交换的国际化取代闭关自守和自给自足。用贸易开放度来衡量一国参与国际分工的程度，即一国对外贸易开放的程度。一般而言，其与金融市场开放度一起用于衡量一国的经济开放程度。

贸易封闭状态即没有国际贸易，一国不与外界接触，严格限制对外贸易，国内生产自给自足，最主要的表现是禁海运。封闭贸易对一国税收收入影响较大，美国第三任总统杰斐逊因政治原因实行闭关锁国的政策，外贸转为内贸，国内需求催生了制造业的发展，国内大市场开始形成，1807 年 12 月美国国会通过《禁运法案》，禁止一切船只离开美国前往外国港口。然而，禁运使得美国经济全面瘫痪，国内失业率严重，关税收入下降到几乎为零，使美国财政出现巨额亏空。这一贸易封闭政策很快难以为继，经历 14 个月后消亡。

日本是历史上曾经较为长期地封闭贸易的国家之一。日本是在江户时代德川幕府采取了闭关锁国的外交政策。自 1635 年开始实行，到 1868 年德川幕府被推翻为止。幕府时期明确禁止本国人出国并禁止在外的日本人回国，规定与外国的贸易关系仅允许在长崎进行，而且往来对象仅限于中国和荷兰。这一时期国内的经济制度是一种封建的小农经济，农民为领主耕种一块世袭土地并缴纳一定的地租与贡米，这就形成了德川幕府时代幕藩体制的主要经济基础。而幕府的收入来源依赖于农民的年贡。因而为保证大米等粮食的供应量，幕府千方百计提高对土地产量的剥削，不断地变换地租税收制度，提高农民的上税份额。随着农作物产量提高，促进了手工业及商品经济的发展，日本幕府财政收入逐渐向货币趋势发展。日本在封闭贸易期间的主要税收政策来自于农业的地租及农产品上贡收入。但是这种收入来源较不稳定，受自然经济冲击较大。

三、高水平贸易开放的经济效应

贸易自由化一直以来被广泛研究，理论上贸易自由化会给一国带来诸多益处，如降低商品价格、增强国内商品竞争力以及提高社会福利等，最终会使得国内市场实现更高的效率。尽管许多经济学家及研究机构都认可自由贸易带来的好处，也有一些学者并不支持自由贸易，认为其会给许多人带来害处尤其是发展中国家人群。随着贸易开放程度的加深，会给本国带来一些潜在的问题，如会给环境带来危害、导致不公平竞争、外来风险加大导致经济财政不稳定性增加等。

第一，在自由贸易条件下，有些厂商为了降低成本可能会选择对不利于环境保护的投入品进行生产，进而影响环境。在幼稚产业中，如果政府不给予这些产业短期保护或者采取支持性政策，那么由于这些新兴产业或者是发展中的幼稚产业的国际竞争力并不强，在国际上会受到成熟产业的打击而一蹶不振。

第二，贸易开放增加了国内经济波动性。由于开放市场，国际经济的波动很容易波及本国，使得本国的外来风险加大。Ramey（1995）指出，宏观经济高波动性会降低经济增长率，经济稳定性降低不利于生产与消费的稳定，最终会导致经济福利的下降（Pallage 和 Robe，2003；Barlevy，2004）。另外，Harrison（1996）、Harrison 和 Hanson（1999）、Rodríguez 和 Rodrik（1999）等人甚至怀疑原先认为贸易自由化与经济增长是正相关关系的研究，认为这些研究并不稳健且并没有建立开放程度不同的经济体与长期经济增长之间的联系。然而，也有研究认为，贸易自由化对经济波动的影响取决于一国的国情及内部状况（Greenaway 等，1998；Bolaky 和 Freund，2004）。

第三，高水平贸易开放可能会扩大国内收入分配不公状况。在过去 30 多年时间里，许多发展中国家开放边境扩大国际贸易，这对于发展中国家收入差距是否会恶化一直都存在争论。传统贸易理论中 Heckscher－Ohlin 模型（H－O）认为贸易自由化会将收入转移到该国比较优势要素中。因而对于发展中国家而言，贸易自由化将首先受益于丰富的非熟练劳动进而减小工资差距以及国内收入不公现象。Fischer（2001）认为，在那些具有丰富土地或其他自然资源的国家，贸易自由化会增加自然资源的出口及提高资产所有者的回报率。由于这些要素并不是平等地分布在每个居民手中，故而会恶化收入分配不公，尤其是在具有较先进技术的熟练劳动与具有高教育学历的劳动力中。因此，在一些国家中，技术熟练与非熟练劳动力收入分配的不平等现象是不可避免的。Nissanke 和 Thorbecke（2006）的研究中认为，贸易自由化往往伴随着经济冲击以及脆弱性，影响大量贫困家庭生活并将扩大贫困与收入不公，至少短期内会如此。全球化的发展使得投资者能跨国投资设厂并出口至全球，因而会恶化小规模工业。根据贫困化增长理论，如果是一国是出口导向型增长，这样会恶化出口国贸易条件，没有发展仅有贫困化增长会增加出口国收入分配不公。也有些学者通过实证分析发现，随着贸易开放程度的加深将恶化该国的收入分配状况（Easterly 2005；Milanovic 和 Squire 2005；Bensidoun 等，2011），尤其是发展中国家（Gavin 和 Hausmann，1998；Laursen 和 Mahajan，2005）。

第四，贸易税收政策能够直接影响一国对外贸易，在贸易税收政策发生改变与调整时，会影响一国的税收收入，从而制约了税收政策调整幅度及贸易开放进程。例如，逐步降低关税税率，对关税收入产生一定的负面影响，从而影响了总税收收入，尤其是在那些严重依赖贸易税收收入的发展中国家。由于该项收入易于征管，一旦这项收入下降，加之国内一些因素的限制，如经济体制较弱、政治不稳定、地理环境约束等，国内税基扩大往往存在很大程度上的困难。而且在小面积国家，人口规模与国内市场往往过于狭小，达不到多元化的要求，导致税源由贸易税收过渡到国内税难度重重。此外，所得税、增值税等税种较为复杂，这也就给一国的税制设计带来难度。Pelzman 和 Joseph（2004）发现，随着国内税收的增加，会促使更多的经济活动涌向非正式部门，因而，他们认为贸易深度开放对发展中国家的国内税收收入有负面影响。

一般而言，发展中国家或者欠发达国家生产技术水平低下、政治腐败现象较为严重、机制体制不够完善等都会影响税收征管水平。而政府通过财政支出这一手段可以优化税收征管水平、改善社会福利等。然而一国用于基础设施、公共服务部门、国防、调整收入分配等方面的支出不能轻易减少，否则会影响较易受到波动的人群使得他们反对自由贸易。尽管一些国家通过税收政策与非税政策以克服贸易自由对财政的负面影响，但是非税收政策的作用有限。那些如控制公共支出、增加对非税收入的依赖等措施都具有不确定性且需要长期持之以恒才能完成。因而在高水平贸易过程中短期与中期对于财政负面影响的最直接且有效的政策手段是使用税收政策，对国内税制进行改革，包括国内直接税与间接税，能够部分甚至完全抵消随着贸易开放度增加后对总税收收入的负面影响。

第三章　中国对外贸易与税收政策发展概况

改革开放后，我国的贸易政策逐步向开放型发展，在贸易自由化的进程中逐步前进。我国扩大开放是顺应全球化大势的表现，近几十年世界经济发展实践也证实了开放是经济发展的重要动力。关税作为贸易开放的重要手段之一，从最开始的逐步下降到入世后的大幅下降，然后进行结构性调整，关税结构逐渐优化，出口退税政策也在不断完善。

第一节　改革开放后中国对外贸易政策回顾

新中国成立以来至 1978 年，中国实行的对外贸易政策是一种在国家管制下封闭的贸易保护政策。党的十一届三中全会召开后，高度重视参与国际贸易在经济发展中所发挥的作用，实施对外开放政策。此后的对外贸易政策开始发生改革与变化。

一、逐渐开放的贸易保护政策（1978—2000 年）

1978 年 12 月，中共十一届三中全会的召开，打开了对外开放的新格局。在一定程度上促进了中国对外贸易理论的转变，为贸易政策明确了指导思想。主要表现为：重新重视外资的可取之处，认识到内向型经济发展的缺点，重视比较优势理论及认识到外贸在国民经济中的重要地位等。① 这些新的认识逐渐使国民积极投入进出口活动中。1982 年，《关于对外经济关系问题》的发言，进一步指出对外经济工作的重要性，奠定了对外贸易工作继续发展的理论基石。之后开始研究编制的“七五”计划中更是明确了中国对外贸易战略的蓝

① 裴长洪．共和国对外贸易 60 年［M］．北京：人民出版社，2009：169－170.

图，将国内建设与对外经济技术交流同时发展，增加出口创汇能力，鼓励出口，运用各种经济手段改善产品质量提高国际竞争力。同时开展对外国际市场的调查研究，开拓全球市场，并改革外贸管理体制，促进国际贸易的发展。①

1978—1991 年，这一时期中国逐渐开放的贸易保护政策是在认清现实和充分考虑国情的基础上确立的，对外贸易需要发展必须与中国经济建设相适应。相应随着改革开放在中国的实施，中国经济体制也逐渐发生变化，由严格计划经济逐步转向商品经济体制。贸易政策也由国家强制贸易保护政策逐渐转向开放式的贸易保护政策。1992 年，“南方谈话”提出了建设社会主义市场经济的新方针，是中国对外贸易政策重新调整的转折点。邓小平在“南方谈话”中指出：“能发展就不要阻挡，有条件的地方要尽可能搞快点，只要是讲效益，讲质量，搞外向型经济，就没有什么可以担心的。低速度就等于停步，甚至等于后退。”② 此后，中国对外开放步伐加快，出口产品市场逐渐向多元化发展。

邓小平在“南方谈话”中强调在经济发展过程中要大胆去闯，去发展，并提出了“三个有利于”标准，在这些原则下，我国的外贸政策体制发生变化，对外贸易得以迅速发展。在 1992 年的第十四次全国代表大会报告中，也明确提出了有计划、有步骤地进行对外贸易体制改革。我国的对外贸易进入新的发展阶段。国家对外贸的管制逐渐放开，市场这只看不见的手在逐渐发挥作用，对外贸易政策逐步与国际贸易惯例接轨，对外贸易政策调整为有贸易自由化倾向的贸易保护政策。

二、WTO 规则下公平贸易与保护贸易并存发展（2001 年至今）

2001 年中国正式加入世界贸易组织，全面参与 WTO 各项工作，在享受成员国各项权利的同时，遵守 WTO 规则，并认真履行义务。我国对外贸易政策进行了改革，确立了公平贸易与保护贸易并存的对外贸易政策格局。2002 年 3 月，第九届全国人民代表大会第五次会议上，明确提出要适应国际形势的变化，提高我国产品在国际市场上的竞争力，全面提高对外开放水平，认真做好入世后的各项工作。③ 2004 年，《中华人民共和国对外贸易法》的修订，意味

---

① 中共中央文献研究室．十二大以来重要文献选编（中）［M］．北京：人民出版社，1986.

② 邓小平．邓小平文选（第 3 卷）［M］．北京：人民出版社，1993.

③ 全国人民代表大会．第九届全国人民代表大会及其常务委员会会议大事记（1998.3—2003.2）［M］．北京：中国民主法治出版社，2003.

着我国将 WTO 规则转化为国内法，这也是我国对外贸易政策的新里程碑。一方面我国入世后享受成员国待遇，为保证世界各国公平贸易，需结构性调整关税；另一方面，我国还存在一些幼稚产业，在国际竞争力严重不足的情况下，需要对这些产业进行保护，因而形成了公平贸易与保护贸易并存的对外贸易政策。

2012 年《关于加快转变外贸发展方式的指导意见》的出台，明确了中国转变外贸发展方式，指出我国对外贸易政策的选取方向基本是实现贸易平衡，加强进口贸易。十八大报告也指出，坚持出口与进口并重，强化贸易政策与产业政策相协调，推动对外贸易平衡发展。然而，在全球经济持续低迷的状况下，中国对外贸易也同样受到打击。而此时，发达国家通过推行跨太平洋伙伴关系协定与跨大西洋贸易与投资伙伴协议，主动提高贸易准则，增加贸易壁垒。在国内外背景下，我国有必要寻求新的政策支持以推动对外贸易转型升级，实现国际贸易规则由被动参与转向主动性参与。

2013 年，以上海为首的我国第一个自由贸易试验区成立，开始主动适应全球经贸规则，主动开始开放战略的尝试。同年，中国国家主席习近平提出共建“丝绸之路经济带”和“21 世纪海上丝绸之路”的重大倡议，“一带一路”倡议的重大构想得以形成。中国对外贸易政策从被动应对逐渐转向主动出击。贸易政策关注点逐渐由贸易总量到结构优化升级、新的贸易竞争优势，实现对外贸易持续性健康发展。2017 年夏季达沃斯论坛上，李克强总理曾表示限制贸易自由会引发贸易不公，进而引发各种问题与争端。认为自由贸易是贸易公平的前提，经济全球化的基础，在国际多变规则下，实现优势互补，双赢多赢。我国在党的十九届四中全会上提出“建设更高水平开放型经济新体制……实施更大范围、更宽领域、更深层次的全面开放”。2022 年 5 月 18 日，国家主席习近平在庆祝中国国际贸易促进委员会建会 70 周年大会暨全球贸易投资促进峰会上指出，在百年变局和世纪疫情交织，经济全球化遭遇逆流，世界进入新的动荡变革期……中国扩大高水平开放的决心不会变，中国开放的大门只会越开越大。我国的对外贸易政策随着国内外经济形势的发展而进行调整，但总体上是在逐步提高贸易开放度，实现更高水平开放，向着贸易自由化发展。

三、我国扩大高水平贸易开放的必要性

改革开放以来，我国的贸易政策逐步向开放型发展。在贸易自由化的进程中逐步前进，平均关税税率一降再降。我国一直是贸易自由化的坚定拥护者，

对外开放是我国的基本国策。这几十年的世界经济发展实践证明，开放是经济发展的重要动力，“地球村”的世界决定了各国利益交融、命运与共，合作共赢是大势所趋。

理论上，有许多研究强烈支持贸易开放与自由贸易，认为这有助于加速一国经济的增长。贸易开放有利于专业化生产，一国能够集中生产具有比较优势的产品，达到规模经济，提高效率与产出。由于规模的扩大，单位成本下降，进而能增加供给，提高资源分配效率。贸易自由化加速了全球一体化的发展，市场扩大竞争加剧会鼓励生产方法等的创新，包括技术、管理、资源配置等多方面的提升；市场竞争扩大，国内消费者面临国内与国外产品多样化选择，会刺激消费。同时国际竞争加剧会使得生产商提高效率、降低成本以获得市场份额等，这些都能够刺激一国经济的发展。Robertson，D. H. 在 20 世纪 30 年代提出对外贸易是经济增长的发动机这一命题，又被称为“增长引擎”理论。Nurkes 随后研究 19 世纪以英国为中心的发达工业国家，通过国际贸易带动新移民地区国家迅速发展的历史，进一步论证了 Robertson 的这一命题。他认为，国际贸易除了能使各国按照比较优势的规律进行分工，提高资源的配置效率从而获得静态的经济利益外，更重要的是发达国家对农产品及原材料迅速增长的需求通过贸易往来传递到发展中国家，使得这些国家出口相关产业迅速增长，这种增长又以“乘数效应”传递到其他非出口行业中，从而推动了整个国民经济的迅速发展。

根据世界银行 2002 年报告，20 世纪后期接近一半的发展中国家开放贸易，降低约 30% 的平均关税税率，使这些国家人均居民收入经历了 20 世纪 80 年代年均增长率约 4%，90 年代年均增长率达到 6%。相比之下，那些并未进入贸易自由化进程的发展中国家，经历了关税水平下降了 10%，但是人均 GDP 几乎并未增长的情况。基于此，许多学者认为，贸易自由化扩大了贸易规模从而促进了经济的增长（Sengupta 和 Espana，1994；Ramos，2001 等）。实践证明，贸易开放能够促进经济发展，许多发展中国家将其贸易政策从进口替代转化为出口导向政策。

一般而言，贸易刺激经济发展有三条途径：国内需求增加、进口替代、出口鼓励。许多发展中国家在第一阶段会选择进口替代战略，该政策降低了一国对外依赖性，通过当地生产的产品替代进口品，鼓励国内生产。这一政策的目的在于保护本国产业，直至其具有国际竞争力。然而似乎一国要想获得进口替代战略的好处需要有内部强大的市场或是经济支撑。遗憾的是，大多数发展中国家或欠发达国家都是低人均收入的小经济体。因而在实际中，此战略对于这些国家并不可行。在第二阶段，大多数发展中国家都将进口替代战略换成了出口导向战略。为了打开国际市场，贸易自由化政策就起到了重要的作用。Edwards（1993）表示，大多数采用贸易自由化政策的国家经历了出口的迅猛增长，反过来刺激本国经济的快速发展。

现实中，自全球金融危机以后，全球经济复苏持续乏力。党的十九大报告指出，“世界面临的不稳定性不确定性突出，世界经济增长动能不足”。尽管世界和平合作的大势滚滚向前，但同时又存在单边主义、贸易保护主义、逆全球化思潮不断涌现出新的表现。尤其是 2018 年美国单边挑起贸易保护，引发摩擦，给深化开放合作设置了障碍，给全球治理带来了挑战。疫情的冲击又加速了国际经贸关系的不稳定性，在经济全球化遭遇逆流的背景下，单边主义、贸易保护主义进一步蔓延，而我国作为全球化的参与者、推动者与受益者，经贸体量的较快增长客观要求我国在全球开放合作中扮演更为重要的角色，坚定推动形成全面开放新格局，积极在全球和区域范围内，促进技术、人力、资金等要素和商品的自由流动，维护多边贸易体制。故而扩大贸易开放，既源于中国进入新时代的开放诉求，又源于全球开放形势变化的客观需要。

第二节　中国对外贸易开放程度

中国改革开放政策实施以来，对外贸易活动开始活跃。进口与出口量日益上升，随着国际贸易的频繁，国内市场活动也日趋活跃。本节分析改革开放以来中国对外贸易开放的情况。

一、进出口贸易规模

党的十一届三中全会后，我国积极参与全球贸易往来，经济与贸易突飞猛进。如图 3－1 可以看出，在 2008 年以前，我国进出口贸易占比呈现出上升趋势。此后，却大体表现出下降的趋势。从改革开放发展至今，我国的对外贸易大致经历了发展阶段、高速增长阶段再到增速放缓阶段，最后到波动阶段。尤其是近五年对外贸易发展规模并不稳定。这也许是受到全球经济疲软等外部环境的影响，在这种情况下，需要通过国内政策的适度调整刺激国际贸易发展。

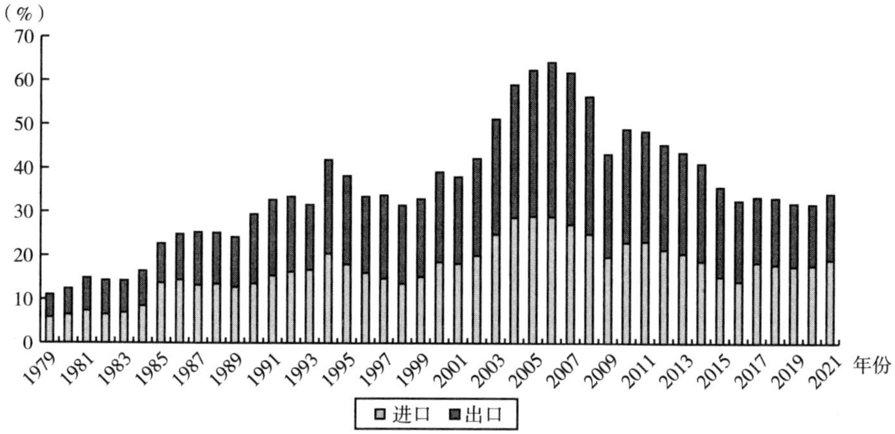

图 3-1　我国 1979—2021 年进口与出口贸易情况

资料来源：国家统计局。

1978 年我国开始实行对外开放，贸易开放度也发生了变化。根据 WDI 数据库可见，以进出口贸易总额占 GDP 比重（外贸依存度）衡量的贸易开放度变化情况，如图 3-2 所示。改革开放初期，贸易开放度并不大。但可以看出在我国加入 WTO 后，关税税率的下降促进我国对外贸易的飞速发展，致使贸易开放度加深。受到国际市场的影响，贸易量下降，加之近年来全球经济疲软，导致贸易自由化进程变缓，贸易开放度呈现下降趋势。

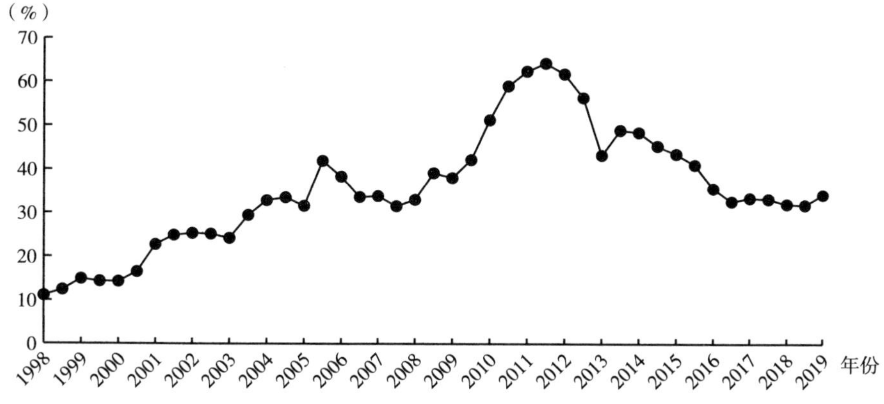

图 3-2　我国 1979—2021 年贸易开放度

资料来源：WDI 数据库测算而得。

尽管外贸依存度能在整体上简单地衡量贸易开放程度。但是也存在一些问题，如外贸依存度是一个总量指标，但却忽略了结构问题，如不同行业的开放程度是不同的，加之国家不同的经济市场结构，从而影响外贸依存度指标的准确度与可比度。因而为深入研究我国贸易开放程度，后文将分别测算服务贸易与货物贸易的开放度。其中用货物贸易总额在我国第一二产业增加值中占比来衡量我国的货物贸易开放程度，用服务贸易总额在第三产业增加值的比重来衡量我国服务贸易开放度。

二、货物与服务贸易开放度

根据商品形式，国际贸易可分为货物贸易和服务贸易。在我国，货物贸易与服务贸易在税收上是区别对待的。我国进口关税仅针对进口货物贸易，对于进口服务贸易是个空白区。根据消费地原则货物贸易的进口征收进口增值税；出口则免或退增值税。根据境内征税原则服务贸易的进出口均征收增值税。与货物贸易中的关税限制不同，在服务贸易中政府通常以禁令、配额、政府规制的手段进行限制。我国的服务贸易包括教育培训服务、技术咨询服务、保险和养老服务、文化和娱乐服务、旅游服务、中医药服务、金融、运输等，以及近年来随着互联网的发展而兴起的跨境电商服务。由于服务贸易对象相对较为复杂，且无形多样，因而导致服务贸易的政府干预手段具有很大的自由度，且手段较为隐蔽。由于多头制定、分散执法、税率不稳定、地区差异大，最终造成外国服务提供者的投资成本或交易成本上升。扩大服务贸易开放与货物贸易相比难度更高。

（一）货物贸易

对于货物贸易而言，关税政策的调整会很大程度上促进贸易的开放。我国入世后关税税率逐步下调。2018 年 11 月 1 日起，降低部分工业品等商品的最惠国税率。降税商品共 1585 个税目，约占我国税目总数的 19%，平均税率由 10.5% 降至 7.8%，平均降幅为 26%。[①] 之后又进行陆续调整，到 2021 年我国入世 20 周年，平均关税税率下降至 7.4%。未来我国名义关税税率的下调空间是有限的。而对于一些非关税壁垒的减少与贸易便利化的促进有很大的调整空间。

在 2008 年之前，货物贸易开放度整体呈现出上升趋势（见图 3－3）。加入 WTO 后，货物贸易开放度陡增，甚至于 2005 年超过 100%，受 2008 年国际

① 国务院关税税则委员会公告 2018 年第 9 号。

金融危机影响下降为2008年的98.44%，2009年下降为77.48%。尽管在2010年货物贸易开放度有所回升，但2011年开始开放程度逐年下降，2020年货物贸易开放程度仅为69.70%，还不及2002年的货物贸易开放程度。后金融危机时期我国货物贸易开放水平大幅走低主要表现为两个方面：一是国际经济增长乏力，市场需求疲软，从而也波及我国贸易；二是国内经济正处于转型时期，有效需求不足，中长期经济增长率放缓，我国出口商品的传统竞争优势减弱，要素成本上升，而产品结构、质量与档次又未出现明显提升，科技创新等对商品出口支撑仍显不足。

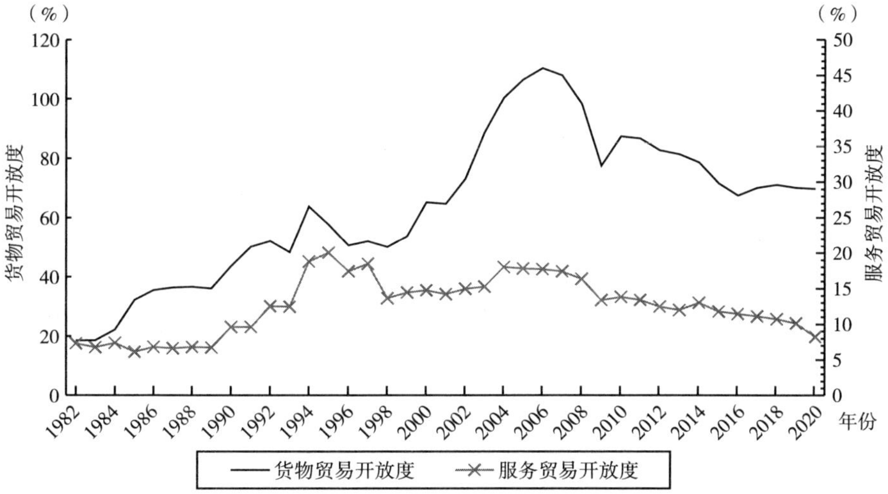

图3－3　1982—2020年我国服务与货物贸易开放度

资料来源：根据历年统计年鉴整理绘制。

（二）服务贸易

对于服务贸易的进口，征收的税收种类与国内服务一致。在境内设立机构的，由其境内机构缴纳各种税，在境内未设立机构的，则由境内交易方即进口商代扣代缴相关税收。进口环节征税尽管有利于增加国家收入，保障国家经济权和增强国内服务业的竞争力，但是这也会减少外国高技术含量、高质量服务的引进，但不利于激励国内服务行业的结构调整、优化转型。从长远来看，过度的保护反而会导致现代服务业在国际贸易中的竞争力不足。我国主要采用非关税壁垒对服务贸易进行保护，例如对银行业、保险业市场准入限制包括企业形式、地域范围、业务范围及许可。

对于服务贸易出口，我国主要集中在传统服务业，出口产业结构趋向多样化，主要来自运输、旅游、保险、许可费、文化和娱乐服务。世界各国在服务贸易出口中普遍采取零税率或免税政策优惠。例如，美国对电子商务、互联网服务、知识产权服务等领域给予出口税收优惠政策。韩国主要针对文化、动漫、游戏等领域实施出口税收优惠。新加坡及欧洲等国家和地区对国际航运企业提供出口减免税优惠政策。印度对离岸服务外包收入实施免税及相关人员的个人所得税实施减免等优惠，以培育全球离岸服务外包优势。[①] 我国2016年开始试行对于航天、国际运输服务、软件技术出口、离岸服务外包等领域实行增值税零税率政策，可以对相应行业出口实行免抵退或免退税政策。对于在境外提供的建筑工程、会议展览、文化教育、保险、仓储等服务实行免税政策。值得注意的是只有完全在境外消费才能享受税收优惠政策，因而对于全行业、全领域的服务贸易享受出口退税还有待进一步扩大。

图3－3所示，我国服务贸易开放程度远低于货物贸易开放程度。1992年后服务贸易开放程度有了明显的提高，一度从1982年的7.32%上升到1995年的20.04%。然而，服务贸易开放程度却一直停滞不前，甚至有所下降，2000年该值为14.77%，受到2008年国际金融危机的影响，服务贸易开放程度有所下降，到2020年服务贸易开放程度仅为8.24%。

受政策及要素禀赋等影响导致我国服务贸易开放程度较低，一方面，我国渐进式改革开放，推行步骤的先后使得开放领域也是逐步由货物过渡到服务贸易，这在很大程度上导致货物贸易与服务贸易开放程度的不平衡。加之，贸易发展吸引投资流向，资本的参与进一步又促进了贸易。我国工业领域的投资开放程度又高于服务业，所以说国内政策的影响导致服务贸易开放程度较低。

另一方面，由于要素禀赋的不同，使得我国在服务贸易的国际竞争优势弱，而且我国的产业链条处于产业链低端的非核心环节，产业链前端品牌创造与后端营销物流等生产性服务方面的国际竞争力较为薄弱。这些都导致我国服务贸易在国际市场上处于较低地位，也是我国服务贸易的短板所在。

三、与其他经济体贸易开放度对比

本节通过WDI数据库收集14个经济体的服务贸易开放度数据，绘制成图3－4，其中选取1982年、1992年、2002年、2007年、2012年、2016年、

① 李俊．中国服务贸易：理论、政策与实践［M］．北京：时事出版社，2017：21－33.

2018 年、2020 年数据测算，其中横坐标代表服务贸易开放度，纵坐标代表贸易开放度。从图 3－4 中可以看出，以贸易增加值核算数据计算的中国贸易开放程度要比前文用海关进出口统计数据计算的名义贸易开放水平低一些。尤其

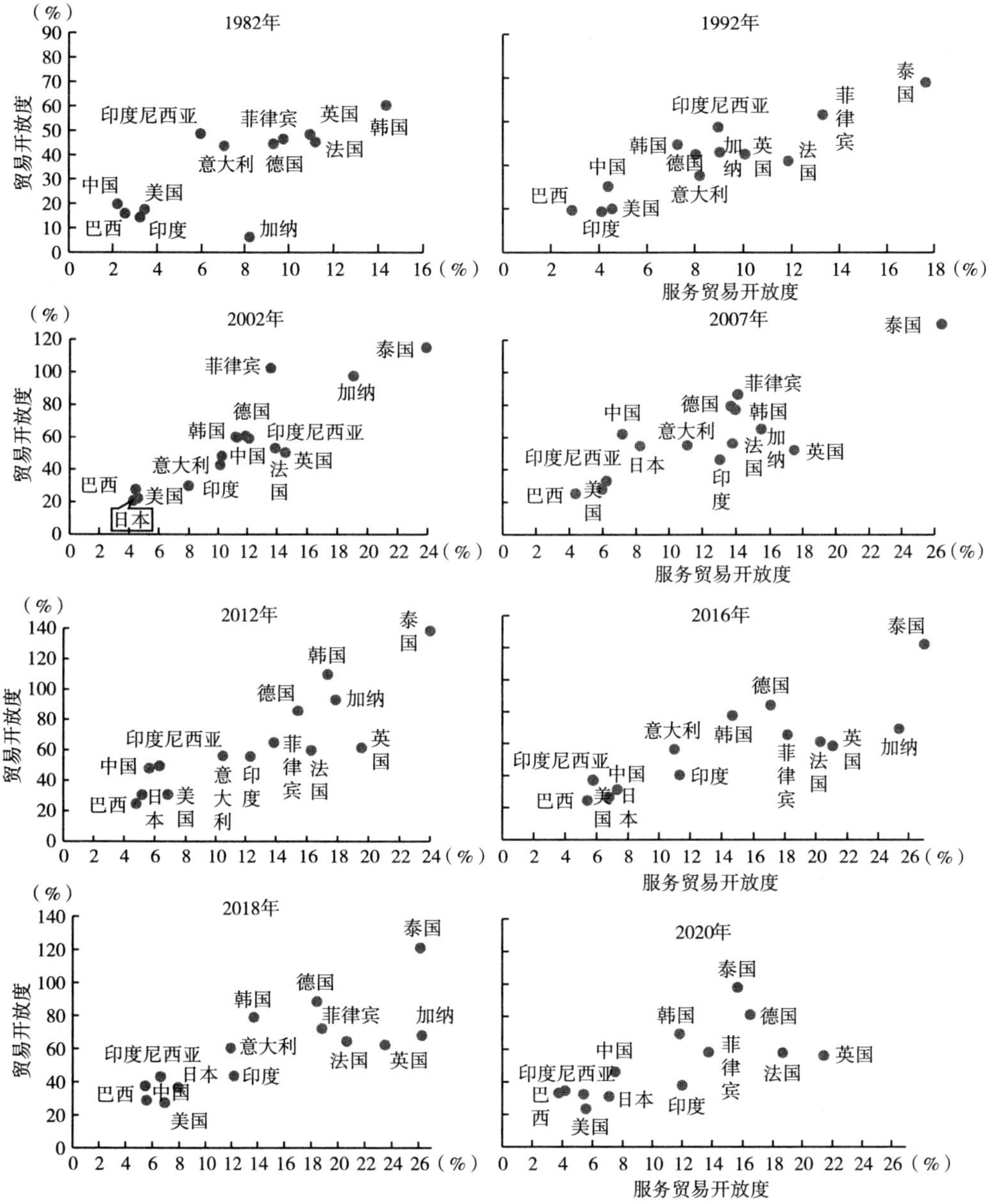

图 3－4　14 个左右经济体服务及贸易开放度测算

是在货物贸易领域，我国仍存在很多虚高的地方。从传统贸易来看，我国属于制造业大国、工业出口大国；然而从贸易增加值来看，我国两者都不属于。随着服务业对国际贸易的影响，我国科技创新实力较弱、自主品牌较弱，又属于产业链的中低端环节，导致贸易增加值及服务贸易开放度等数据深刻地反映出我国贸易开放程度中名义与实际的差异。故认为以贸易增加值核算的贸易开放度更加能体现出我国贸易开放程度的实际情况，也更加能体现出我国在世界主要经济体及全球价值链中的地位。

从 14 个经济体数据分析，英国、法国、德国、韩国、菲律宾、泰国、加纳等贸易开放程度要普遍高于其他国家。随着全球化的进程，各国贸易与交流的加深，2020 年贸易开放程度要普遍比 1982 年高一些。具体而言：

1. 欧洲国家贸易开放水平较高，这主要是因为欧洲经济一体化程度较高。Kreinin 和 Plummer（2002）、张彬（2008）等国内外学者就欧洲经济一体化的贸易效应进行研究，一致发现欧洲一体化有利于促进要素流动，降低关税等壁垒，提高国际竞争力，促进贸易发展。

2. 韩国的贸易开放程度及服务业的国际竞争力整体都偏高，与此类似，亚洲国家中菲律宾、泰国贸易开放程度也较高。非洲国家中加纳的贸易开放程度相对较高。从这些国家贸易政策来看，开启贸易自由化进程都比较成功，平均关税税率也较低，接近发达国家水平。

3. 作为发展中国家，巴西、印度贸易开放程度较低，尤其是巴西服务贸易开放度最低，巴西平均关税税率也较高。而印度众多服务行业，由于信息技术及外包、软件出口等出口支柱性产业的增速，使印度服务贸易开放程度与货物贸易开放程度差距较小。

4. 作为世界上经济规模较大的两个发达国家——美国与日本的贸易开放程度竟然较低，尤其是在关税平均水平等贸易制度安排上，实际上却表现出较低的程度。这种现象的发生主要受到经济规模的影响。20 世纪 60 年代，Kuznets 研究发现“小国比大国对国际贸易的依存度更大”，后来经过 Alesina 等（2005）以及国内的黄玖立、李坤望（2006）等学者们进行深入研究，认为经济大国在市场规模、产业基础、要素攻击、国际竞争力等方面具有较大的优势，其开放程度将低于经济规模较小的国家。这两大经济体一个共同的突出特点表现为全球化生产经营，在全球进行资源配置，不同国家进行生产、制造以获取优势。

5. 中国贸易开放程度较低，一方面受到服务贸易开放程度的影响；另一方面，有我国自身结构方面的原因，如制造业增加值率较低、加工贸易占比偏高等。这些原因都会影响贸易增加值，进而影响到贸易开放水平的测算。

第三节　促进中国贸易开放的税收政策回顾

在中国贸易政策不断发展与调整的同时，税收政策也在进行适应性的调整，紧跟经济与贸易发展的步伐，以便更好地为经济服务，促进经济贸易发展。

一、开始降关税并提供出口补贴以促进对外贸易（1978—1991 年）

中国改革开放后，为适应经济体制改革和对外开放的需求，政府开始在各个领域进行改革，其中关税以及各项税收的调整也被提到了重要位置，具体财政税收政策调整如下：

（一）关税税率的调整

1980 年我国提高个人自用电视机、收录音机和电子计算器的进口关税税率到 80%。两年后又调整了约 149 个税号关税税率，占总税号 939 种的 16%，主要是降低部分税率，此次调整是自 1949 年来调整范围最大的一次。同年，开征出口关税，征收范围涉及 34 种商品。出口关税税率分六个等级，分别从 10% ~60%，每层级差 10%。[①] 1985 年我国对 1951 年第一部关税税则进行修订，发布了新关税税则即《中华人民共和国海关进出口关税条例》。该条例中降低了一半以上税目的进口关税税率，包括进口技术、新型材料等国内不能有效供应的资源以及燕窝等改善人们生活水平需要的用品。另外，修改后的税则中税率等级范围为 0 ~150% 共 18 级。

此后由于国内外经济情况等的变化，我国对关税进行不断地调整。从 1986 年到 1991 年，累计降低了 83 种商品关税税率，提高 140 种商品的进口关税税率，但是这些调整的幅度都很小。到 1991 年底我国关税的算术平均税率仍高达 47.2%。[②]

① 国务院关税税则委员会办公室，中华人民共和国财政部关税司. 中国关税：制度、政策与实践. 中国财政经济出版社，2011.

② 关贸总协定谈判中国工作组第十次会议《关于中国外贸制度的补充文件》所提问题的答复。

（二）出口退税政策

为了提升出口产品的国际竞争力，我国从 1983 年 9 月起，对部分商品如自行车、钟表、缝纫机及其零部件实行出口退税政策。此前，我国对出口产品并没有退税的政策。规定生产最后环节缴纳的工商税包括增值税均可以退还。此后又陆续新增了一些出口商品实现出口退税政策。1987 年，政府又扩大出口退税政策力度，对该政策进行完善，规定退还出口商品各个环节的累计间接税和增值税。

（三）财税政策措施

为了鼓励出口，财政部设立了专项资金扶持出口产品，主要用于支持企业生产农副土特产品和进行新产品试验。同时，我国还对外贸企业进行奖励、补贴及相关的资金扶持，如 1986 年开始实行的出口供货奖励制度。[①] 这些奖励制度大多到 1994 年财税体制改革才相应取消。

二、继续降关税并进行分税制改革刺激对外贸易（1992—2000 年）

20 世纪 90 年代，随着改革开放的逐渐深入，我国对外贸易规模在进一步扩大，进出口商品结构也有了较大的发展变化，原先的海关税则以及税收体制慢慢显得不太适应这些变化。于是，新一轮的关税政策与财税体制改革正在酝酿发酵。

（一）关税政策的调整

1987 年我国开始申请恢复关税及贸易总协定 GATT 中的席位，为了便于测算与比较，需要以国际贸易标准语言《商品名称及编码协调制度》作为谈判的基础。因而，从 1992 年开始，我国实行以该标准语言为基础的第三部海关关税税则。其中税则总数目达到 6 250 个，总税率平均水平从 47. 2% 下降到 42. 5%，这也是我国第一次自主降税。第二次自主降税是在 1993 年底，关税总水平下降至 36. 4%，涉及 2 898 个税目。随着亚太地区经济合作组织在日本

① 该制度规定以 1985 年实际出口收汇为基数，基数内每实现出口创汇一美元，奖励人民币三分；超过基数创汇奖励人民币一角。为了方便执行该项政策，1987 年改为不分基数，对每出口一美元收汇一律奖励人民币五分，同时出口企业得到的奖励还可以直接进入企业专项基金按规定比例计提企业发展和奖励基金，其中 70% 可用于企业自身发展，30% 用于职工福利。

大阪召开会议，我国宣布进一步降低进口关税，分两年将关税水平下降至23%。此后也陆续小幅下调关税水平。

（二）出口退税政策

这一阶段我国将出口退税政策进行简化，只退增值税与消费税，前者按照17%与13%两档进行退税，消费税则按照实际征收比例退。退税的方式以先征后退和免抵退税为主。1994年新退税制度的实施，使得我国出口商品按照不含税价格外销，大大地提高了商品的国际竞争力。随后在20世纪末的两三年时间又调整了退税税率档，增加了15%与5%两档。

但我国出口退税制度也存在一定的问题：一方面在税收征管过程中由于信息不对称以及欺骗现象的存在，导致实际征税过程中退税规模大于征税规模现象的存在；另一方面退税增长迅猛，给财政造成负担，出现大规模的欠税现象。

（三）财税体制改革

1994年的分税制改革大幅度地调整了中央和地方收入划分，将主要税种划分归中央改为中央与地方共享，极大地调动了各级政府积极性。税改涉及范围广、深度大、全面地改革了流转税制，实行了比较规范的以增值税为主，消费税、营业税并行的流转税制。此次分税制改革是新中国成立以来税制调整最大、利益格局调整最为明显、影响最为深远的一次。分税制改革后，外贸企业创汇奖金及奖励制度也相应取消，企业自负盈亏，自主性得以提高。同时，鼓励企业创汇，试行出口收汇美元含量工资分配办法，对于出口并非其主营业务的外贸企业进行工资总额与实现盈利挂钩的分配办法，激发了企业出口动力。

三、大幅降关税并调整出口退税以扩张贸易规模（2001年至今）

2001年中国在经历了长达15年的谈判后，正式加入世界贸易组织。在享受成员国的权利待遇时，我国承诺在入世后在全国范围内实行统一的关税制度，并履行降低关税义务。

（一）关税政策的调整

入世后，我国分批分步骤大幅度下调关税税率。包括先是2002年对5 000多种商品关税下调，后又于2004年对2 000多种税目下调。2006年降低汽车及其零部件、化工原料、植物油等143个税目的最惠国税率，之后的一年又进一步降低染料、ABS树脂、聚氯乙烯、化妆品及护肤品等44个税目税率，直到2010年降低关税承诺全部履行完毕。此后几年一致维持关税总水平基本不变，只进行小幅度的调整，主要表现为先进设备、能源、特殊食品、药物等商品。自到2018年我国进口关税总水平降至7.5%再进行微调，2021年我国进口关税总水平降至7.4%。此外，我国加入WTO以后，为了进一步开放国内市场，在调整关税政策的同时，对区域贸易协定的谈判工作高度重视并积极进行推进。

（二）出口退税政策

随着对外贸易规模迅速扩张，我国出口退税政策表现出许多弊端，其结构很难适应产业结构升级及快速发展的外贸规模。于是2004年政府对出口退税政策进行改革，以“新账不欠，老账要还，完善机制，共同负担，推动改革，促进发展”为原则，将出口退税负担机制改为中央与地方共同负担，以上一年出口退税数额为基数，超过部分按照75∶25的比例由中央与地方分担。到2015年，出口退税全部由中央财政负担，以促进对外贸易持续性发展。

另外，在2008年国际金融危机的影响下，国内经济也受到负面影响，出口受到较为严重的打击，政府为减轻这些企业负担，连续七次调整了出口退税率。为配合“营改增”政策调整步伐，出口退税适用范围也进行增加，将境内单位和个人提供的增值税应税服务纳入其中。到2020年我国进一步提高1 464项产品出口退税率，缩短退税时间，优化退税管理。

（三）财政金融政策举措

2001年，中国成立了出口信用保险公司，主要业务内容是配合国家对外贸易、财政金融等政策，通过政策性出口信用保险方式，鼓励商品、技术及服务业的出口，支持中国企业对外进行投资，并在出口融资、信息技术咨询等多方面为企业提供保障。另外，政府还为符合条件的外贸企业提供封闭式贷款和出口退税账户托管等政策服务。2012年，商务部发布《关于加快转变外贸发展方式的指导意见》中，明确财政对外贸稳定发展的促进机制。这一阶段的财政政策主要是为稳定对外贸易，并完善对外贸易相关的配套措施。“十四五”规划中强调加快建立现代化财税体制，在推动加快构建新发展格局中，财政职能作用会更加突出，政策体系更加精准有效。

第四节　中国扩大贸易开放税收政策存在的问题

随着经济全球化的不断发展，世界各国往来贸易变得愈发频繁。经济全球化是未来世界经济发展的主要趋势。面对这种发展形势，我国的税收政策也需要重新进行自我定位，发现在新形势下的税收政策所存在的问题，以便更好地为经济与贸易提供服务。

一、关税政策

2001 年我国加入 WTO 后，在享受 WTO 成员待遇的同时，也承诺下降我国关税税率，一直到 2010 年所有降税的承诺才履行完成。其中在 2007 年我国名义关税总水平达 9.8%，之后一直维持在此水平，直到 2018 年 11 月关税总水平下降到 7.5%。从关税水平上看，世界贸易组织成员的平均关税水平为 6%左右。发达国家的关税水平比较低，约在 3%。发展中国家的关税水平比较高，一般在 15%左右。我国贸易总量占全球第一，进口贸易量主要来自于发达国家，我国关税水平仍存在结构性下调的空间，以便刺激进口贸易，促进对外贸易以及经济的发展。我国关税最初功能定位是国内产业保护以及财政收入，然而随着入世后关税税率的下调及全球关税水平的发展，关税的主要功能定位正逐步发生转变，关税的保护作用以及财政收入功能都发生了弱化。

我国入世后，尽管我国关税发生直线下降，但是实际关税税率变化却不是很明显。可以说名义税率与实际税率仍然存在严重的背离。例如，我国 2017 年的关税名义税率为 9.8%，实际征收率仅为 2.41%；而 1992 年关税的名义税率为 39.3%，实际税率为 4.79%。尽管关税名义税率与实际税率之间的差距在缩小，但是实际征收率相比发展中国家仍然偏低，可能是因为我国实施的关税优惠政策过多所导致的。

二、出口退税政策

长期以来，出口退税政策作为我国在国际贸易中重要调节方式之一，起到直接明了的作用。但是，由于在实践过程中存在诸多问题，导致对生产企业采取的“免抵退”政策效果并不理想。例如，在征管过程中，出口退税手续复杂，程序烦琐，部门协调存在问题，工作效率不高，导致对企业资金的占用严重。加之出口退税手续繁杂所涉及税务机关、海关、外经贸等多个部门，只要在其中一个部门滞留信息，整个退税过程都会受到影响。

另外，在我国对外贸易的飞速发展期，还存在一些骗取出口退税的问题，像广东潮汕、厦门远华等地都发生了税收诈骗案件。如果退税与支付税款地址不同，两地税务机关就会在利益上发生摩擦。由于利益与责任的不一致，导致作为出口退税凭证的增值税专用发票管理得不严格，给税收欺诈创造了机会。另一方面，出口退税过程涉及税务机关、海关、外经贸、工商等多个政府职能部门，但各部门之间的衔接并不紧密，协作出现问题，容易产生管理上的灰色地带，诱使部分人员从事诈骗税收活动。

再者，出口退税的计算方法不同导致企业承担税负不均，这也是我国出口退税政策所存在的问题之一。在我国的一般贸易中，外贸企业适用“先征后退”的政策，出口企业适用“免抵退”政策。在我国的加工贸易中，对于进料加工企业实行“免抵退”政策，对于来料加工企业实施“不征不退”政策。在征税率与退税率相同的情况下，不同计算方法对企业的出口退税并不影响，但是当两者不一致时不同计算方法导致的出口退税额有差异。差异的部分企业需要自行承担，计入生产成本，这就导致企业有选择性地进行业务活动。企业为了减轻税负，更加倾向于发展加工贸易，加剧了贸易方式的不平衡。

三、所得税政策

首先，从国内个人所得税征收方式来看，属于不同收入层级的纳税人其税率不同。这就导致高收入纳税人更易主观进行纳税规避，而低收入纳税人却不会进行合理的税收规避（由于本来收益就不大）。长期就会出现劳动所得被严格征税，而非劳动所得却能避免税收。之前个税中工资薪金所得的扣除比例统一为 3 500 元，尽管在 2018 年 10 月份该比例上升为 5 000 元，但并未考虑到不同纳税人的差异，这会导致纳税不公同时影响内需的扩大。另外，2018 年下半年个税改革方案提出对个人应纳税所得额进行专项附加扣除（教育支出、大病医疗支出、住房贷款利息以及住房租金），2022 年增加了 3 岁以下婴幼儿照护专项附加扣除，但如何确保纳税遵从度尚待解决。

其次，在我国现行的涉外税收政策上存在一些缺陷，两国所得税适用税率不同，对于境外投资收益计算及缴纳方法都存在一定的问题。而且，我国规定企业来自境外的所得需按照我国税法规定进行成本、费用、损失的分摊，据此以计算境外应纳税所得额，由于在此过程中涉及了不同国家的财会制度准则，难以核实，这就给税务机关以及企业都带来较大的工作量，自然效率就变得低下。

再次，在税收管理上效率有待提高，尤其是对境外企业投资信息，由于并没有法律明确规定境内企业需要登记备案其对外投资，导致所涉外税收信息无法详细地掌握到。另外，在现行税收征管模式下，国际税收等方面的税务服务人员也明显不足，具备国际税收复合型的人才较少，制约了我国税收管理和服务水平的提高。

最后，我国税收政策地区性差异还未有效运作。对外开放使我国贸易飞速发展，但是地区之间存在明显差异，中西部地区相比东部沿海地区表现出严重的滞后状态，急需政府提供差异化的税收政策加以引导与支持。

第四章　中国税收政策对贸易开放的影响

经济的发展决定了税收，然而税收又会反作用于经济。同样地，一国税收政策也会影响国际贸易的发展，进而影响贸易开放程度，最终会影响贸易自由化进程。本章通过构建 GTAP 模型研究一国税收政策对于进出口贸易、产业部门等影响，分析不同税种对于贸易发展的不同影响程度，进而为促进贸易发展、提高贸易开放的税收政策优化提出建议。

第一节　GTAP 模型及假设

可计算一般均衡模型，即 CGE 模型，早于 20 世纪中期开始在世界范围内逐渐兴起，被广泛用于国际贸易、财税政策、环境保护等研究领域中，其中税收政策是 CGE 模型应用的重要领域之一。GTAP 模型是以一般均衡理论为基础构建的多国一般均衡模型，是一种比较静态模型，很适合分析税收政策变化对贸易、社会福利水平等各个经济变量的影响。

一、税收对贸易开放的影响

国际贸易的发展受到许多因素的影响。一般而言，贸易问题主要表现为贸易条件和贸易模式两个问题。其中贸易条件主要是指一国进出口贸易的相对价格，是一种定量的分析；贸易模式主要是从一国在国际贸易地位的角度来研究分析各国出口比较优势的商品。国际贸易理论相关研究的其他问题都是围绕这两个问题进行拓展与延伸的。税收政策影响国际贸易也是通过影响贸易模式或者贸易条件进而对其产生影响的。

税收政策影响国际贸易发展最直接的手段就是通过价格。可以说，价格是税收政策影响国际贸易发展的中间变量。价格由成本、利润和税金构成，税收是构成商品价格的一部分。因而税收政策通过影响税金进而影响贸易水平。本章重点关注的税收政策或者工具主要包括两大类，即劳务税（或所得税）和生产要素税。具体包括在进出口贸易中征收的关税或进行出口补贴以及跟国内经济活动一样对产品生产、消费等征收的国内税收。出口补贴政策包括直接补贴与间接补贴，所谓直接补贴表现为政府给予的现金补贴；而间接补贴是指政府给予出口商在财政税收上的优惠，如出口退税。

在影响贸易发展的税收政策中，贸易税收政策是最直接的，其变化会直接影响到进出口商品的价格进而影响对外贸易发展。一方面，就关税政策而言，20 世纪许多发达国家普遍都实现了大部分进口商品免税，而对于部分行业商品出于保护本国市场或者环境等目的征收少量关税，这些发达国家的进口商品平均关税水平十分低。关税政策的变化极大程度上促进了这些国家的对外贸易规模与发展。发展中国家尽管逐渐降低了关税水平，但是还未达到完全自由化的地步。足见，关税政策很大程度上会影响国际贸易的发展，尤其是进口贸易规模。与此相关的进口增值税与进口消费税也会对进口贸易产生同样的影响。另一方面，出口补贴或退税政策会促进贸易增长，作为避免对商品重复征税的财税手段，出口退税会降低企业出口成本，激发企业积极性，提升其国际竞争力，对出口贸易产生促进作用。

国内税收政策同样也会影响国际贸易的发展，其中所得税政策会直接影响到企业的利润，进而影响资本的流动方向。尤其是在全球化日益发展的今天，资本可以跨境流动以追逐更高的回报率。故对于资本要素征税的高低会影响资本在本国市场的进出。企业所得税的征收，会影响出口企业的积极性，对出口商品与出口型企业产生不利影响，从而阻碍出口贸易的发展。而且所得税的变化会引起投资回报率的反向变动，进而影响投资流向，导致汇率波动，从而影响国际贸易。另外，个人所得税政策会通过影响要素价格转而增加产品的生产成本，进而提高最终产品的价格，从而降低出口产品的价格竞争力，影响出口贸易的发展。当然，这种影响程度的高低取决于投入产品中的劳动要素占比情况。

通过税收政策的调整会影响对外贸易水平以及外贸发展进而影响经济的发展。因而本章的实证分析部分，通过建立 GTAP 模型，研究税收政策变化对国际贸易水平的影响包括进口贸易与出口贸易，以及对贸易结构的影响。另外还增加了一些经济效应分析，包括税收政策对国内生产总值、社会福利、政府支出等的影响。

二、模型假设

GTAP 模型的假设条件包括生产、需求、国际贸易等多方面，包括：（1）市场均衡状态下所有厂商利润为0；（2）家庭或个人消费采用固定差异弹性，政府支出采用柯布—道格拉斯方程；（3）商品市场和要素市场出清，价格根据供需内生决定；（4）厂商的规模报酬不变，中间投入需求按照里昂惕夫生产函数；（5）在技术不变的条件下，厂商按照给定的产出最小化其成本函数；（6）国内产品与进口产品不完全替代（满足 Armington 假设）；（7）模型中设置了两个虚拟的国际部门，分别是全球银行和国际运输，全球银行使得全球总储蓄等于全球总投资，并将全球投资根据各国的投资回报率进行分配。国际运输部门采用柯布—道格拉斯生产函数。GTAP 模型的生产技术结构如图 4－1 所示。

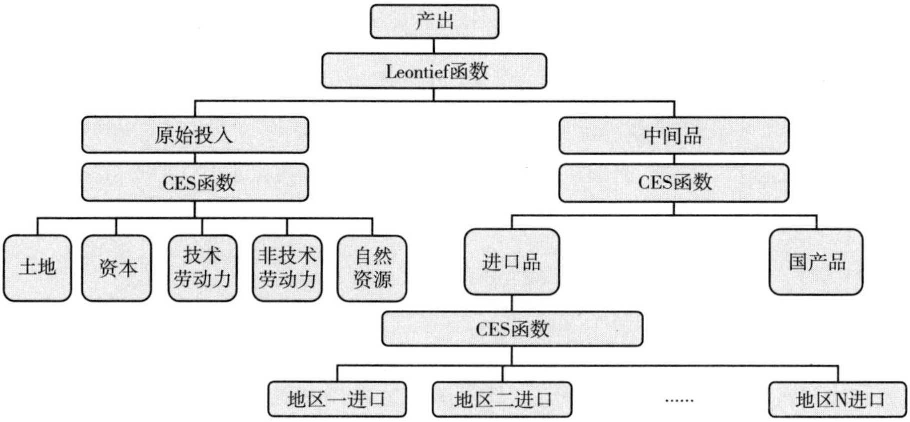

图 4－1　GTAP 生产技术结构

三、分组处理

最早 GTAP 模型数据库在 1993 年发布，经过数次更新与调整，到 2015 年发布第九版数据库，GTAP 9.0 所包含数据更加完善，覆盖了更多的国家，包括了更加丰富的数据。具体表现为七大特点：（1）包括了 140 个国家或区域以及 57 个产业部门；（2）1995—2013 年各国双边贸易及关税数据；（3）改进后的 2004 年、2007 年和 2011 年的服务贸易数据；（4）改进后的 2004 年、2007 年和 2011 年的能源数据；（5）全球各国二氧化碳排放数据；（6）分为五种要素禀赋：

土地、熟练劳动力、非熟练劳动力、资本和自然资源；（7）GTAP 9.0 数据库所包含的 140 个国家或区域及 57 个部门，在进行模拟分析时，需要将其进行分组处理。

根据模拟分析的需要，本章按照各国所处的地理区域、与中国签订双边贸易协议等标准，将整个世界经济划分为 11 个组别。具体如表 4－1 所示。另外，根据模拟的需要，对 57 个产业（部门）根据国际行业分类标准 ISIC 进行划分，进行加总（Aggregation）和重新分组，如表 4－2 所示。

表 4－1　　GTAP 模型中国家或地区分组

名称	简称	具体包含国家或地区
China	中国	中国
Oceania	澳新	澳大利亚与新西兰
EastAsia	东亚	中国香港、中国台湾、日本、韩国
SEAsia	东南亚	柬埔寨、印度尼西亚、老挝、缅甸、马来西亚、菲律宾、新加坡、泰国、越南
SouthAsia	南亚	孟加拉国、印度、巴基斯坦、斯里兰卡以及南亚其他国家
NAmerica	北美	加拿大、美国、墨西哥以及北美洲其他国家
LatinAmer	拉丁美洲	亚美尼亚、玻利维亚、巴西、智利、哥伦比亚、厄瓜多尔、秘鲁、巴拉圭、乌拉圭、委内瑞拉及南美洲其他国家、哥斯达黎加、尼加拉瓜、巴拿马、危地马拉、中美其他国家及加勒比海
EU_25	欧盟	奥地利、比利时、塞浦路斯、捷克共和国、丹麦、爱沙尼亚、芬兰、法国、德国、希腊、匈牙利、爱尔兰、意大利、拉脱维亚、立陶宛、卢森堡、马耳他、荷兰、波兰、葡萄牙、斯洛文尼亚、斯洛伐克、西班牙、瑞典、英国
MENA	中东与北非	埃及、摩洛哥、突尼斯、西亚其他国家以及北非其他国家
SSA	撒哈拉以南非洲	尼日利亚、塞内加尔及西非其他国家、中非国家、埃塞俄比亚、马达加斯加、毛里求斯、马拉维、坦桑尼亚、乌干达、莫桑比克、赞比亚、津巴布韦及东非其他国家、博兹瓦纳及南非其他国家
RestofWorld	其他地区	瑞士、挪威及其他欧洲自由联盟国家、阿尔巴尼亚、保加利亚、克罗地亚、白俄罗斯、罗马尼亚、俄罗斯联邦及其他欧洲国家、乌克兰、哈萨克斯坦、吉尔吉斯斯坦及其他前苏联国家、阿塞拜疆、亚美尼亚、格鲁吉亚、土耳其、伊朗

表 4－2　　　　GTAP 模型中产业部门分组

产业部门	包含的产业部门
农业	水稻、小麦、谷物及其他相关产品、蔬菜、水果、坚果、油料作物、糖料作物、其他农作物
畜牧业	森林、牛羊马牲畜、奶水产品、牛羊肉、动植物油脂
采掘业	煤、石油、天然气、矿产及相关产品、黑色（铁类）金属、有色金属及相关产品
食品	糖、食物制品及其他相关产品、饮料及烟草制品、动物制品及其他相关产品、肉制品及其他相品、奶制品、加工大米
纺织	植物纤维、毛及丝制品、纺织品、服装、皮革制品
轻工业	木材加工及化工制品木制品、纸制品、皮革制品动车及零配件、交通运输设备及其他相关产品
重工业	机电产品电子设备、机械设备及其他相关产品、金属制品、石化及煤制品、有色金属制造产品、矿产制品及其他相关产品、制造业其他产品
公共服务	水、电力、天然气制造及零售
运输业	交通及其他相关服务、海运、空运
其他服务业	贸易、通讯、金融及其他相关服务、保险、商务服务及其他相关服务、娱乐及相关服务、政府/法院/医疗/教育、民居、建筑

四、政策冲击

根据 GTAP 数据库冲击变量，本节模拟分析在研究税收政策变化对贸易及经济的影响时，分别选取进口关税、出口补贴以及所得税三种为代表进行模拟冲击。促进贸易开放，提高贸易自由化程度，对于进出口贸易尽量地少征税或者补贴以发挥市场的自由调节作用，减少对市场价格造成的扭曲。首先，在设计关税政策的模拟冲击时参考樊勇等（2017）的方案，假设将我国平均关税税率下降至 OECD 国家的平均关税水平 6%（即政策模拟时降低我国平均关税税率 38%）[①] 时，分析平均关税税率下降对我国贸易及经济的影响，同时还分析了这一政策变化会对世界各国所产生的影响。其次，为保持模拟幅度的一致性以便于对比，在其后的所得税政策及出口补贴政策的模拟上也采用相同幅度，即所得税税率以及出口补贴下降 38% 的情况下模拟分析其对贸易及经济的影响。最后，在实证分析部分对我国贸易部门进行分行业研究，具体分析我

① 此处计算是基于 2018 年 11 月以前、我国名义关税税率保持 9.8% 的情况下。

国税收政策变化对本国贸易结构的影响。在 GTAP 数据库中进行政策冲击时，分别选用 tm 变量表示进口关税政策的冲击，to 变量表示所得税政策的冲击，tx 变量表示对出口退税政策的冲击。

第二节　关税政策对贸易开放的影响

通过 GTAP 模型模拟政策冲击，考察一国关税政策变化对本国及其他国家贸易及经济效应的变化情况，具体包括进出口贸易、GDP 增速、社会福利以及我国各产业部门的产出、私人部门与政府部门对国内产品与进口产品需求的变化。

一、降低关税税率对贸易的冲击

通过 GTAP 模型进行政策模拟冲击，降低关税税率对进出口贸易的影响结果，如表 4 – 3 所示，当我国平均关税税率下降到 OECD 国家平均水平即 6% 时，对我国进出口贸易起到积极正面影响。我国进口与出口上涨幅度相差不多，其中进口贸易增长约 2.94%，出口贸易增长约 2.34%。

表 4 – 3　　　　进口关税下降后世界各国对外贸易的变化

国家分组	进口（%）	出口（%）
中国	2.9350	2.3443
澳新	0.0345	0.1338
东亚	0.4761	0.0991
东南亚	–0.1181	0.0072
南亚	–0.0093	0.1180
北美	0.0406	0.1783
拉丁美洲	–0.0784	0.1335
欧盟	0.0690	0.0739
中东与北非	–0.0082	0.0638
撒哈拉以南非洲	–0.0252	0.0315
其他地区	–0.0123	0.0674

资料来源：RunGTAP 模拟结果。

在全球化发展迅速的当今，一国政策的调整尤其是对外政策的改变会很快地传导到他国，引起一连串的反应，中国关税政策的调整不仅会影响本国的进出口贸易，同样会影响到其他国家，尤其是那些跟我国有密切贸易往来的贸易伙伴们。当我国关税税率下降 38%，对他国的出口贸易也起到正向作用，其中对于北美国家出口贸易正面作用达到最高，刺激北美国家出口贸易增长约 0.18%。这在很大程度上是因为我国的进口商品总值中北美发达国家占较大比重，导致我国进口关税下降后这些商品变得相对更有吸引力，进而导致我国对这些商品的进口需求增加，促进了这些国家的出口贸易。在进口贸易的变化中，有上升的情况同时，也存在下降的国家，其中东盟国家的进口增长最多的为 0.47%。可能是由于地理位置邻近带动了周围国家贸易发展等原因。一国关税政策的变化会影响本国的进出口贸易，降低关税税率会促进本国对外贸易的增长，同时会带动全球出口贸易的发展。

二、降低关税税率对经济的冲击

GTAP 模型进行模拟政策分析，其中关税政策变化对世界各国的经济效应影响如表 4－4 所示：首先，从 GDP 增速的角度来分析，可以发现我国平均关税税率的下降将会促使本国 GDP 增速发展，而对其他国家 GDP 的影响十分地小，即使是正向效用中最大的也仅为增加 0.007%，阻碍作用中最大的变化也仅为 0.006%。而对我国经济促进较大，假设我国平均关税税率下降 38% 会引起我国 GDP 增速约 0.12%。

表 4－4　　进口关税下降后对世界各国经济的影响

国家分组	GDP 增速（%）	贸易条件（%）	社会福利（百万美元）
中国	0.1177	－0.4392	1 016.58
澳新	－0.0044	0.0426	44.2414
东亚	0.0073	0.2361	5 359.392
东南亚	－0.0063	－0.0351	－598.598
南亚	－0.0003	0.0015	－41.9731
北美	0.0013	0.0252	997.5775
拉丁美洲	－0.0025	－0.008	－225.966
欧盟	0.0034	0.0427	3 451.768
中东与北非	0.0025	－0.0071	－142.344
撒哈拉以南非洲	0.0040	0.0256	151.8159
其他地区	0.0001	－0.0049	－183.445

资料来源：RunGTAP 模拟结果。

其次，从贸易条件角度来看，我国进口关税税率下降会恶化我国的贸易条件，很可能是因为我国出口贸易中加工贸易占很大比重，进口关税税率下降会导致中间产品进口增长迅速，刺激加工贸易出口，从而恶化我国的贸易条件。具体还需要结合我国进出口贸易结构进行深入分析。

最后，关税政策对社会福利的影响变化，我国平均关税税率的下降会改善国内社会福利以及全球社会福利。由于市场失灵的存在，尤其是外部失灵，导致需要政府通过税收政策进行调整，这也会扭曲经济的自由发展以及市场的自我调节能力。我国关税税率的下降会提高本国社会福利。全球社会福利整体也将得以改善，其中东盟国家社会福利增长最多，然后是欧盟国家，分别为53.59亿美元、34.52亿美元。同时部分国家社会福利会恶化，但是这种影响并不太大，东南亚国家社会福利下降约5.99亿美元。因此，关税政策的调整会影响一国及相邻等国家的经济发展。下降进口关税税率会刺激本国GDP增长，同时改善本国社会福利水平。

三、降低关税税率对产业部门的冲击

分析我国关税政策的调整对本国各产业的影响变化，尤其是贸易结构的变化，GTAP模拟结果如表4-5所示。

表4-5　　进口关税下降后对我国各贸易部门的影响

部门	产出（%）	出口（%）	进口（%）	政府部门需求（%）		私人部门需求（%）	
				进口商品	国内商品	进口商品	国内商品
农业	-0.2536	2.0316	1.3732	1.4212	-0.2609	1.6471	-0.0388
畜牧业	-0.4474	3.7244	13.9751	15.6207	0.1220	15.2275	-0.2185
采掘业	0.0974	0.9191	-0.1315	-0.4693	-0.2128	-0.3130	-0.0561
食品	-0.3125	1.8553	6.6671	7.4344	0.0054	7.1743	-0.2367
纺织	0.6012	2.1533	5.8184	5.6831	-0.2139	5.6741	-0.2223
重工业	-0.3562	2.8415	9.9695	10.5090	-0.7583	10.4584	-0.8038
轻工业	0.0012	2.4268	3.3187	2.2206	-1.5556	3.3055	-0.5108
公共服务业	0.3142	1.5485	-0.5121	-0.8741	-0.0484	-0.8464	-0.0204
运输业	0.0953	0.9700	-0.6509	-0.7741	-0.084	-0.7165	-0.0259
其他服务业	-0.0001	1.0388	-0.4470	-0.6235	-0.1245	-0.5579	-0.0587

资料来源：RunGTAP模拟结果。

第一，关税税率下降对 10 个行业中半数以上行业的产出都呈正向影响，其中对于纺织业产出的促进作用最大达 0.60%，其次是公共服务业为 0.31%。进口关税下降促进国内经济发展，因而对水电等公共服务业产出会增长。然而会降低我国重工业、食品及畜牧业的产出水平，使得原先由国内市场提供的部分减少，对进口相关商品的需求增多。

第二，从出口贸易结构分析，关税税率的下降会促进各行业产品的出口，其中畜牧业出口上升最多，其次是重工业与轻工业，分别为 3.72%、2.8% 与 2.43%。我国加工贸易主要集中于农产品、纺织服装、家具玩具行业、机电以及轮胎等行业中，关税税率的下降刺激这些行业的加工贸易，并促进出口贸易。

第三，从进口贸易结构来看，进口关税税率的下降会使得第一产业与第二产业进口量明显增加。其中畜牧业进口增加最多为 13.98%，从不同部门角度分析，私人部门对于牛羊肉类等产品的需求由国内市场转向国外进口，对国内市场同类产品的需求下降导致本国市场畜牧业的产出下滑。政府部门对于同类产品国内外需求同时增加，只是对于进口品的需求会明显高于本国同类产品的需求。此外，食品行业的进口也表现出类似情况，进口增长率在 10 个部门里面排第三位，为 6.67%，私人家庭部门对进口食品的需求增长，减少了其对国内产品需求，尽管政府部门对国内市场需求少量上涨，但不抵家庭部门对国内产品需求下降量。可以看出，关税税率的下降会降低国内对畜牧业及食品行业需求，转而替代为对国外产品需求进而使得这两个行业国内产出下降。

第四，从进口贸易结构分析，关税税率的下降会刺激重工业进口，在行业中进口增长排名仅次于畜牧业，为 9.97%。从两部门的分析来看，政府与私人部门对于重工业产品的进口需求显著大于对国内产品的需求，使得需求由国内市场部分转向国外市场，导致国内重工业产出下降。同样地，对于农业产品也是类似，尽管农业进口增长不高，但是政府与家庭对其需求也由国内市场部分转化为国外市场，导致本国农业产出下降。

第五，从进口贸易结构分析，关税税率的下降刺激了轻工业与纺织业的进口贸易，分别为 3.32% 与 5.82%。尽管政府与私人部门对国内轻工业与纺织业产品需求有所下降，但是激发了对国外同类产品的需求，由于我国加工贸易中这两行业产品较多，导致这两行业产出增长，增长的部分很大程度上转向海外市场，刺激了出口。

第三节　所得税政策对贸易开放的影响

通过 GTAP 模型模拟政策冲击，考察一国所得税政策变化对本国及其他国家贸易及经济效应的变化情况。具体包括进出口贸易、GDP 增速、贸易条件、社会福利以及我国各产业部门的产出、私人部门与政府部门对国内产品与进口产品需求的变化。

一、降低所得税税率对贸易的冲击

通过 GTAP 模型进行政策模拟冲击，降低所得税税率对进出口贸易的影响结果如表 4 - 6 所示，当我国所得税税率下降 38% 时，出口贸易将会上涨 8.45%，而进口贸易却表现出下降的趋势即减少 3.68%。由于我国企业所得税中大部分是针对资本要素征税，进而影响企业利润。对资本要素征收的企业所得税率会对出口产品与出口型企业产生不利影响，对双边贸易的发展起到负面作用。

表 4 - 6　　所得税税率下降后世界各国对外贸易的变化

国家分组	进口（%）	出口（%）
中国	-3.6833	8.4532
澳新	2.6832	-4.566
东亚	0.8795	-1.8652
东南亚	-1.7197	0.998
南亚	-1.9622	4.9555
北美	1.1163	-3.5586
拉丁美洲	-0.7456	0.4864
欧盟	2.0274	-0.8666
中东与北非	-2.1339	1.7546
撒哈拉以南非洲	-1.5495	1.1265
其他地区	-1.6833	1.8234

资料来源：RunGTAP 模拟结果。

此外，由于所得税税率下降会使得企业资本回报率上升，进而会吸引投资，资本回流，导致本币贬值，增加本国出口贸易。然而对于进口贸易表现出负面影响，很可能是由于对于原材料或中间产品的进口下降，国内成本的下降使得企业选择自己生产代替原先进口原材料或中间品。对于其他国家而言，进出口贸易的表现呈相反现象。例如，东盟各国的进口增加而出口下降，可能是因为我国产品相对有价格优势，加上由于地理位置相邻导致生产产品的可替代性较高，使其他国家对于我国产品进口增加而对于东盟国家产品进口下降。

二、降低所得税税率对经济的冲击

降低我国所得税税率对经济的影响如表 4 – 7 所示。首先从 GDP 增速的角度来分析，模拟分析结果发现我国所得税税率的下降将会抑制本国 GDP 增速发展，GDP 增速会放缓 0. 22%，而对其他国家 GDP 的促进效果中最大的仅为欧盟增加 0. 17%，阻碍作用中最大的变化为南亚国家 0. 08%。其次，从贸易条件角度来看，我国所得税率下降会恶化我国的贸易条件，很可能是由于所得税税率下降导致我国出口贸易品价格下降，导致出口同类产品换回的量相对减少。东盟国家、欧盟、澳大利亚与新西兰国家的贸易条件得到显著改善。最后，分析所得税政策对社会福利的影响变化：我国所得税税率的下降会恶化本国社会福利，但是全球社会福利将得以改善，其中欧盟国家社会福利增长量最多为 62. 21 亿美元，其次是北美发达国家与东盟，社会福利增加额分别为 27. 82 亿美元、11. 58 亿美元。同时部分国家社会福利会恶化，但是这种影响并不太大。因此，所得税政策的调整会影响一国及相邻等国家的经济发展。

表 4 – 7　　所得税税率下降后对世界各国经济的影响

国家分组	GDP 增速（%）	贸易条件（%）	社会福利（百万美元）
中国	– 0. 2173	– 1. 4886	– 46 704. 4
澳新	0. 1336	0. 5417	3 442. 44
东亚	0. 0534	0. 446	11 576. 05
东南亚	– 0. 0611	– 0. 3185	– 5 891. 33
南亚	– 0. 0802	– 0. 6304	– 6 374. 02
北美	0. 0251	0. 6767	27 822. 81
拉丁美洲	0. 0025	– 0. 3209	– 3 365. 65
欧盟	0. 1708	0. 4733	62 210. 28
中东与北非	– 0. 0543	– 0. 6447	– 12 439. 9
撒哈拉以南非洲	– 0. 0454	– 0. 5661	– 3 649. 45
其他地区	– 0. 0491	– 0. 503	– 10 569. 9

资料来源：RunGTAP 模拟结果。

三、降低所得税税率对产业部门的冲击

分析我国国内所得税政策的调整对本国各产业的影响变化，尤其是贸易结构的变化，GTAP 模拟结果如表 4－8 所示：第一，所得税税率下降会促进第一、第二产业的产出，由于企业税负下降会刺激生产。其中，纺织业产出增长最高为 3.31%，其次是重工业与轻工业，涨幅分别为 2.15%、0.96%。

表 4－8　所得税税率下降后对我国各贸易部门的影响

部门	产出（%）	出口（%）	进口（%）	政府部门需求（%）		私人部门需求（%）	
				进口商品	国内商品	进口商品	国内商品
农业	1.296	9.859	－3.8284	－5.3925	0.0073	－5.5519	－0.1613
畜牧业	0.1004	19.4083	－7.0062	－9.134	－0.9432	－8.5967	－0.3575
采掘业	0.7999	1.0491	－0.835	－3.7994	－1.3947	－3.0468	－0.6233
食品	0.3009	5.5814	－3.0413	－4.0848	－0.918	－3.5214	－0.336
纺织	3.3124	6.1048	－4.1264	－7.0025	－0.4069	－6.7644	－0.1519
重工业	2.1492	13.4033	－7.8743	－7.8744	－0.134	－7.7404	0.0113
轻工业	0.9606	7.0504	－3.7928	－3.0623	0.7792	－3.944	－0.1374
公共服务业	－5.2959	12.0881	－10.5436	－5.927	－0.6482	－5.8893	－0.6084
运输业	0.0391	8.0999	－6.0468	－6.1491	－0.3829	－6.1974	－0.4342
其他服务业	－0.3501	14.7183	－6.8711	－6.3631	－0.3245	－6.5573	－0.5313

资料来源：RunGTAP 模拟结果。

第二，从出口贸易结构分析，所得税税率的下降会促进各行业产品的出口，其中，畜牧业出口上升最多，其次是其他服务业与重工业，分别为 19.41%、14.72%与 13.4%。我国加工贸易主要集中于农产品、纺织服装、家具玩具行业、机电以及轮胎等行业中，所得税率的下降刺激这些行业的发展，促进出口贸易。

第三，从进口贸易结构角度看，所得税税率的下降会减少对所有行业进口商品的需求，进口贸易下降。值得说明的是，轻工业中政府对于国内商品的需求增加将挤出部分对进口商品的支出。重工业中私人部门对于国内商品的需求增加同样挤出了对同类商品进口的需求。

第四节　出口补贴政策对贸易开放的影响

通过 GTAP 模型模拟政策冲击，考察一国出口补贴政策变化对本国及其他国家贸易及经济效应的变化情况，具体包括进出口贸易、GDP 增速、贸易条件、社会福利以及我国各产业部门的产出、私人部门与政府部门对国内产品与进口产品需求的变化。

一、降低进口补贴率对贸易的冲击

通过 GTAP 模型进行政策模拟冲击，降低出口补贴对进出口贸易的影响结果如表 4－9 所示。降低出口补贴会导致厂商出口积极性降低，抑制出口贸易。同时出口贸易下降，会使得原材料与中间产品的需求将减少，导致进口需求下降。

表 4－9　　出口补贴率下降后世界各国对外贸易的变化

国家分组	进口（%）	出口（%）
中国	－60.9076	－37.4744
澳新	－2.803	－1.2754
东亚	－5.4988	－3.5868
东南亚	－1.2688	－0.9771
南亚	0.8704	－3.3894
北美	0.2874	－3.862
拉丁美洲	－0.6729	－2.7456
欧盟	0.4027	－1.4755
中东与北非	－0.5629	－0.4512
撒哈拉以南非洲	－1.4992	－0.3649
其他地区	0.0889	－0.6111

资料来源：RunGTAP 模拟结果。

在全球化发展迅速的当今，一国政策的调整尤其是对外政策的改变会很快地传导到他国，引起一连串的反应，中国贸易相关政策的调整不仅会影响本国的进出口贸易，同样会影响到其他国家。当我国出口补贴率下降时，会影响他国的出口贸易，尤其是与我国邻近的国家，受到负面影响较大。其中，东盟国家出口下降3.59%。

另外，在进口贸易的变化中，有上升的情况同时也存在下降，其中东盟国家的进口减少最多为5.50%。一国出口补贴政策的变化会影响本国的进出口贸易，同时会影响全球贸易的发展，影响程度视该国参与国际贸易的程度而定。

二、降低出口补贴率对经济的冲击

出口补贴政策变化对世界各国的经济效应影响如表4-10所示：首先，从GDP增速的角度来分析，可以发现我国出口补贴率的下降将降低出口商的积极性，使本国GDP增速放缓，却能够促进其他国家GDP增速。其次，从贸易条件角度来看，我国出口补贴率下降会改善我国的贸易条件，很可能是因为出口补贴下降影响我国出口贸易品价格导致出口同类产品换回的量相对增加。除了欧盟与南亚国家外，其余国家的贸易条件将恶化。最后，分析出口补贴政策对社会福利的影响变化，我国出口补贴的下降会恶化国内及全球社会福利，其中我国社会福利水平将下降13.50亿美元。这与我国出口贸易相关税收政策有关，我国出口补贴包括直接补贴与间接补贴，其中间接补贴包括出口补贴或者减免出口环节缴纳的如增值税、消费税等。由于我国出口贸易税收政策并非免出口税而实行的是先征后免抵退，因而出口补贴政策的变化会很大程度上影响出口贸易及经济的发展。

表4-10　　出口补贴率下降后对世界各国经济的影响

国家分组	GDP增速（%）	贸易条件（%）	社会福利（百万美元）
中国	-30.5756	8.2971	-13 495.8047
澳新	2.8587	-2.8205	-16 075.9238
东亚	1.9648	-2.0081	-63 178.9727
东南亚	3.3944	-1.097	-24 407.8203
南亚	6.0641	0.918	-182.6887
北美	5.8671	-0.0017	-12 800.4336
拉丁美洲	4.7055	-1.2723	-20 759.6953
欧盟	5.4361	0.1701	-10 989.3691
中东与北非	3.8842	-1.7972	-54 979.168
撒哈拉以南非洲	3.4386	-2.3535	-17 723.9004
其他地区	4.4861	-1.1301	-39 444.0391

资料来源：RunGTAP模拟结果。

三、降低出口补贴率对产业部门的冲击

具体分析我国关税政策的调整对本国各产业的影响变化，尤其是贸易结构的变化，GTAP 模拟结果如表 4 - 11 所示：第一，出口补贴下降对 10 个行业中半数以上行业的产出呈正向影响，其中对于采掘业产出的促进作用最大为 15.69%，其次是农业为 10.08%。对于纺织业、工业的产出呈现出负面影响。可以看出，我国出口贸易结构中纺织品与工业品占较大比重。因而出口补贴的减少会严重影响这些行业的出口与产出。第二，从贸易结构分析，出口补贴的减少会阻碍第一产业与第二产业产品的出口，同时降低所有行业部门的进口贸易。第三，从政府部门需求角度分析，政府对进口商品的购买支出将减少，但除国内的采掘业商品与公共服务支出稍微有所下降外，其他行业的国内需求会上升。第四，从私人部门需求角度分析，出口补贴的减少将导致个人对进口商品的需求下降，转向国内商品。除了采掘业国内需求是下降的外，其他行业个人对国内商品的需求均上升。因此可以看出，出口补贴政策的变化会很大程度上影响贸易发展以及行业的产出水平。

表 4 - 11　　出口补贴下降后对我国各贸易部门的影响

部门	产出（%）	出口（%）	进口（%）	政府部门需求（%）		私人部门需求（%）	
				进口商品	国内商品	进口商品	国内商品
农业	10.0762	-19.0254	-62.1476	-58.7119	23.2069	-65.148	3.9909
畜牧业	0.1547	-15.8122	-74.1542	-73.8899	3.8822	-73.9786	3.537
采掘业	15.6918	-94.3228	-39.6431	-61.5524	-20.9883	-53.7232	-4.8822
食品	3.1467	-22.9697	-56.3049	-58.1963	0.3991	-57.018	3.2268
纺织	-1.8717	-16.8603	-78.6498	-77.9886	7.3322	-78.3241	5.6921
重工业	-4.1625	-29.0888	-74.4144	-72.6581	7.0458	-72.3365	8.3412
轻工业	-4.7607	-51.7754	-68.2603	-56.5776	43.4624	-66.3202	11.2664
公共服务业	-18.4702	-24.3159	-65.742	-58.118	-0.1965	-57.432	1.4373
运输业	1.3246	19.8996	-59.0661	-56.3037	7.8236	-56.4659	7.4237
其他服务业	3.3765	8.0963	-61.3187	-57.8941	8.533	-58.6891	6.4844

资料来源：RunGTAP 模拟结果。

第五节　实证小结

本章通过 GTAP 模型进行政策模拟冲击，主要考察一国税收政策（贸易税收与国内税收政策）变化对本国贸易发展及贸易结构的影响，同时分析了一国税收政策的调整对世界各国贸易及经济效应的影响作用。

第一，税收政策会影响一国贸易的发展。降低进口关税税率会促进该国的进口与出口贸易，而降低出口补贴（退税率）效果恰恰相反。降低所得税税率会促进该国出口贸易而阻碍进口贸易。一方面，企业所得税的降低，会激发出口企业及国内企业的积极性，从而促进出口贸易。同时会提高资本的投资回报率，吸引国外投资，长期而言会影响汇率波动，导致本币贬值，增加出口贸易，而降低进口贸易。另一方面，个人所得税的下降会通过影响要素价格进而影响产品的生产成本，降低最终产品的价格，从而增加出口产品的价格竞争力，刺激出口贸易的发展。

第二，从影响程度的角度看，下降同等幅度的税率，出口补贴与国内所得税政策的影响效果要高于进口关税政策。可能是因为我国平均关税税率已经下降到较低水平，因而进一步调整空间对各行业部门的影响相对较小。

第三，税收政策将影响一国贸易结构。其中国内税收政策的调整对我国工业及纺织业贸易水平影响较大，关税政策的调整对我国畜牧业及轻工业贸易水平影响较大，而出口补贴的变化会很大程度上影响我国采掘业与纺织业的贸易水平。综上所知，我国纺织业贸易会受到税收政策影响较大。一方面，可能与我国出口贸易结构相关，我国加工贸易仍然占据很大的比重，出口仍以劳动密集型的行业如纺织业为主。另一方面，可能与我国进口贸易结构相关，我国进口贸易中原材料及中间品较多，铁矿石、原油、铜等大宗商品进口保持增长，尽管近年来对外贸易结构得以优化，但是仍存在很大的改进空间。

第四，税收政策还会影响一国的经济，包括 GDP、社会福利、产出等。其中进口关税及国内税收的下降将会提高全球社会福利水平。然而出口补贴的减少尽管会改善一国的贸易条件但却会降低社会福利。

第五章 扩大高水平贸易开放的税收收入制约

贸易开放促进经济发展同样也会给国内经济带来一定的负面影响，如国内经济波动加大且易受外部影响加重收入分配不公。更为重要的是如果对政府税收收入产生消极影响，那么很大程度上就会阻碍政府进一步扩大贸易开放。税率的降低会刺激经济，促进贸易。但是税负却并非越低越好，会受到财政收入的约束。贸易税收政策的调整会促进贸易开放度，然而贸易开放会给一国财政收入带来一定的影响，尤其是那些依靠贸易税收收入的发展中国家。有些学者认为即使贸易自由给贸易税收收入带来损失，但政府可以通过国内税收结构的调整，使得财政收入从主要依靠贸易税收转向国内税收收入。因而，本章采用发展中国家数据进行实证研究，分析在一国经济发展过程中的不同阶段，贸易开放对税收收入的影响规律，进而得出促进贸易开放的税收政策调整幅度需要适度，而非一味降低税率。

第一节 主要经济约束因素

20 世纪中后期以来，随着国际贸易的发展，各国的关税税率下降了许多。尽管 2018 年美国引发贸易战，增加部分产品关税税率，但是根据世界银行的数据美国加权平均关税税率仅为 1. 6% 。而发展中国家关税税率仍然偏高，如巴哈马平均关税税率高达 26. 78% 。在许多发展中国家税制结构中，贸易税收收入占很大比重。因而降低关税，扩大贸易开放会影响这些国家的税收收入，进而阻碍一国贸易开放的进程。此外，贸易开放步伐还会受到其他因素的制约，如收入分配差距的变化、国内对幼稚产业的保护等。

一、税收收入

税率的下降能够促进贸易开放，推进贸易自由化，然而随着贸易开放的不断加深，其对财政收入会产生影响，进而约束税收政策的调整幅度。首先，贸易开放程度的加深对贸易税收收入的影响取决于许多因素，如自由化的结构，取消对进口商品数量限制，将会增加贸易税收收入，而关税税率的降低对于贸易税收收入的影响却要依据进口品的需求弹性以及进口替代品的供给弹性。如果进口产品是富有弹性则降低关税税率很可能会增加贸易税收收入。进口替代品的弹性越低，价格下降导致的进口替代品的产出降低幅度越小，因而对进口贸易税收收入影响越小。其次，在大多数发展中国家，商品服务税收（销售税）是收入的重要来源，其中一部分来自进口商品，一些国家中这部分占比甚至达到一半以上（Ebrill 等，2001）。① 进出口增值税与消费税征收的依据包括商品价值以及关税，因而关税税率下降会促进进口，使得进口额增加部分或者全部抵消关税税率下降所造成的影响。此外，值得注意的是，关税的征管成本高于间接税征管成本，因而降低关税税率，同样会减少征管成本，带来净收入的增加。最后，对于所得税收入的影响，贸易开放加深短期内会通过影响进口商与进口替代品厂商的利润影响生产者所得税，增加资本利得税与个人所得税收入。

扩大贸易开放会对税收收入产生影响进而对财政产生压力，这会直接影响到税收政策的调整幅度以及税收相关优惠政策。税收收入在很大程度上会制约扩大贸易开放的税收政策调整，因而研究贸易开放对税收收入产生的影响程度是很有必要的，本章将以税收收入为研究对象进行实证分析。

二、收入分配与社会公平

全球化是影响收入差距的一个重要原因，全球化又包括贸易开放与资本市场开放。有学者认为，贸易开放程度的加大会导致贫富差距变大，因而部分群体会反对贸易的继续开放，这就导致贸易自由化进程受阻。所以，收入分配差距也会影响扩大贸易开放的税收调整进度。下文利用 H－O 理论进行模型分析，假设规模报酬不变，在传统 $n \times n$ 的模型设定中：

$$A \times w \geqslant P \tag{5-1}$$

式中，w 代表投入品的价格；P 代表产出品的价格；A 是一个 $n \times n$ 的技术系数矩阵。假设追求零利润状况，则要素价格由技术、产品价格以及数量等

① Ebrill. et al（2001）研究表明：22 个发展中国家中进口增值税收入占总增值税收入超过 50%，甚至有的国家该比例高达 70%。

决定，公式如下：

$$w = A^{-1}P \quad (5-2)$$

如果该国开放贸易，产品价格会发生显著变化。在这个基本模型中，相关产品价格变化方向取决于该国同世界的相对要素禀赋。非熟练劳动密集型部门或国家最有可能会经历工资结构的缩小，即工资差距将减小。但是对于同时具有自然资源禀赋优势的国家，如中国、拉美国家等，不仅仅会影响工资收入，而且会影响国内经济环境。越封闭的国家越急于更新过时的工业技术。技术的更新在短期内会影响工资结构，而且对于国内资本密集型部门的偏见将会严重扭曲产品价格。然而，如果技术进步发生在使用熟练技术劳动力的工业部门，非熟练劳动力部门的实际工资会降低。因而在非熟练劳动密集的国家，其工资差距又会扩大。但是，由于扩大贸易开放后，外部影响因素增加造成对投入的影响因素偏多，对于产出的最终影响并不确定。假设贸易开放使得非熟练技术劳动力工资产生下降的压力，而又存在工资黏性，虽然政府可以配套支出政策抵消或者减弱贸易开放可能带来的收入分配不公加剧问题。但是 H－O 模型假设：工资能够随时发生变化即工资刚性，在短期内会产生不同的影响。尤其是在一些发达国家工会的存在，导致他们对贸易开放程度关注密切，一旦发现收入不公现象有加重趋势，就会受到工会组织对贸易自由化进程的反对，影响贸易开放。

在发展中国家，技术相对落后，非熟练劳动力较多，工资较低。贸易开放起初随着贸易活跃，国内就业会增加，工资会有所提高，工资差距会减少。之后由于技术引进促进了国内技术水平的发展，熟练技术工人工资将会较快地增长，同时降低了非熟练技术工的需求，这可能会导致收入差距的扩大，引起部分人群的不满及抵制贸易自由化情绪。收入分配造成的影响一定程度上会制约贸易开放的进程。

三、国内保护与产业结构升级

国内产业保护主要从关税政策角度出发，降低关税税率，促进贸易发展，但同时关税对国内产业尤其是幼稚产业的保护作用将下降。因而这是调整关税政策所要考虑的一大因素。一国通过关税政策可以拉升进口品的国内销售价格，从而使相应的国内产品生产企业的竞争力得到提升，能够赚取更高的利润。在这种状况下，国内生产要素将加速流向受关税保护的行业，从而导致该行业自发地加大投入再生产。因此关税政策的调整（包括税率、关税结构）

将极大地影响产业间的利润率及其结构，这就必然导致资本等要素在产业间和产业内的流动和重新配置，相应的产业结构就会发生变化。

在加入世界贸易组织之后，为了符合世界贸易组织的关税削减要求，我国的名义关税税率逐步降低。尽管关税的保护职能正在逐渐弱化，但是从对国内一些新兴及幼稚产业的保护作用的角度考虑还是会在一定程度上影响扩大贸易开放的税收政策调整幅度。

第二节　税收收入约束因素研究设计

以税收收入为主要制约因素进行研究，分析贸易开放对贸易税收收入及总税收收入的影响程度，进而得出在不同贸易开放阶段税收政策调整所需要考虑的侧重点。

一、基本模型与假设

一些文献研究试图评估不同国家税收收入绩效情况，研究将税收收入比率作为衡量一国税收情况的指标之一。Musgrave（1969）曾提出一个观点去解释为什么低收入国家税收收入会比高收入国家税收收入水平低，他认为相比高收入国家而言，低收入国家征收税款更难。这不仅仅是因为这些国家的税收管理技术与设备较不发达，而且是因为低收入国家结构体制中仅有税基来源较少，因而在征税上自然收入就会相对较少。税基的不足是低收入国家税收收入低于高收入国家的最主要原因。许多学者探索了不同方法用于测量税收收入表现情况（Lotz 和 Morss，1970；Bahl，1972；Tanzi 和 Blejer，1988；Khattry 和 Rao，2002；Stotsky 和 WoldeMariam，1997；Gupta，2007）。这些研究的相似之处在于选用不同指标运用回归方法分析这些变量对于一国税收收入的影响。即在回归方程中应用解释变量作为税收收入情况的指标，被解释变量作为影响该国税收收入情况的指标。其中，Bahl（1972）与 Chelliah 等（1975）提出用以测算税收收入绩效情况的方法，该方法用税收收入 GDP 比率作为国家税收情况指标，一系列变量作为一国产出的主要影响因子。方程式如下：

$$T/Y = f(v) \tag{5-3}$$

式中，T 为税收收入；Y 为 GDP 或者 GNP；v 代表影响税基的各种变量的集合。上述方程代表税收 GDP 比率与解释变量之间的均衡关系，方程左边这一比率表现出一国如果税收努力后应该达到的程度即税收能力的衡量指标。通过变换，将上述方程变化为：

$$T_{it}/Y_{it} = f(X_{1t}, X_{2t}, \cdots, X_{mt}, U_{it}) \quad (5-4)$$

式中，T_{it}代表税收收入绩效情况变量，包括总税收收入与国际贸易税收收入；Y_{it}代表一国收入指标，本章中参考大多数文献选用指标即用 GDP 占比衡量，因而 T_{it}/Y_{it}为代表税收收入绩效情况；方程右边则代表影响税收收入绩效情况的一系列因素 X_{mt}（其中 $m=1, 2, 3, \cdots$）；t 代表时间；i 表示 i 国；U_{it}为该方程的残差项。影响因素选取解释见后文分析，将其放入方程如下：

$$T_{it}/Y_{it} = f(GDPc_{it}, open_{it}, agr_{it}, ind_{it}, govex_{it}, pop65_{it}, density_{it}, education_{it}, urbanp_{it}, \cdots) \quad (5-5)$$

式中，$GDPc_{it}$代表人均 GDP；*agr* 代表农业增加值；*ind* 代表工业增加值；*govex* 代表政府支出；*pop*65 为 65 岁及以上人口占总人口比重；*density* 代表人口密度；*education* 代表受高等教育程度；*urbanp* 代表城镇化率；*open* 则表示贸易开放度。将模型变形，实证模型如下：

$$T_{it}/Y_{it} = \beta_0 + \sum_{k=1}^{n} \beta_k X_{kit} + \varepsilon_{it} + \mu_i \quad (5-6)$$

式中，β_0为常数项，被解释变量为税收收入占 GDP 比，分别选用贸易税收与总税收收入。

核心解释变量贸易开放的衡量方式有很多种，最接近现实的方法是一种包括所有引起贸易壁垒扭曲的指标，包括平均关税税率以及非关税壁垒指标，Anderson 和 Neary（1992）① 曾经发表过一种贸易限制指标，原则上包含了关税与非关税壁垒效应。但是这一指标并不完全，本章所选的样本国家有许多并没有这一指标。因而后来研究在数据可收集的基础上发展出其他方法测算贸易开放（Leamer，1988；Dollar，1992；Sachs 和 Warner，1995）。本章选取在实证分析中运用较为广泛的两种衡量方式，第一种是最基本的测算方法，即用进口与出口数据之和占 GDP 的比重即外贸依存度作为贸易开放的衡量指标，大量的文献中使用这一指标（Harrison，1996；Frankel 和 Romer，1999；Irwin 和 Tervio，2002；Rodriguez 和 Rodrik，2001；Rodrik 等，2002）。在研究国际贸易

① Anderson, J. E., Neary, J. P., 1992. Trade reform with quotas, partial rent retention, and tariffs. Econometrica, 60, 57 - 76.

对税基影响中进口与出口都很重要。因为早期文献的一大显著特点就是过于强调出口的重要性（Edwards，1993）。在国际贸易理论中这显然很难站住脚，因为根据比较优势理论，国际贸易会导致国内资源的有效使用需要通过进口货物或服务，不然只使用国内某些产品将导致生产成本增加。因而进口与出口一样对于国内经济发展同样重要，因而两者需要同时被考虑于税基的影响因素中。

另外一种衡量贸易开放的常用方法就是包括平均关税税率、国际贸易税收以及非关税壁垒指标集合；从平均关税税率的角度就有官方名义税率以及实际关税税率。Pritchett 和 Sethi（1994）指出名义税率与实际税率的区别。由于非关税壁垒在许多发展中国家数据缺乏，因而在第二种测算贸易开放指标上选用关税税率，参考 Karimi 等（2016），具体选择加权平均适用关税税率这一指标作为实证分析中的衡量方法。因此本章后文实证分析方程为：

$$T_{it}/Y_{it} = \beta_0 + \beta_1 openness_{it} + \beta_0 agr_{it} + ind_{it} + laggovex_{it} + lngdpc_{it} + pop65_{it} + density_{it} + education_{it} + urbanp_{it} + \varepsilon_{it} + \mu_i \quad (5-7)$$

$$T_{it}/Y_{it} = \beta_0 + \beta_1 tariff_{it} + \beta_0 agr_{it} + ind_{it} + laggovex_{it} + lngdpc_{it} + pop65_{it} + density_{it} + education_{it} + urbanp_{it} + \varepsilon_{it} + \mu_i \quad (5-8)$$

在回归分析中，控制变量中的农业增加值、工业增加值与政府支出选用其在 GDP 中占比进行测算，人均 GDP 作对数处理，65 岁及以上人口占比、人口密度、受教育程度与城镇化率直接进入回归方程。

二、变量选取

在许多发达国家，税基稳定且税收征管水平较高，贸易自由给政府贸易税收收入带来潜在负面影响可以通过国内市场内部调节带来税基的增加进行抵消，甚至会对政府财政收入带来正面影响。在一些欠发达或者发展中国家，税基不稳定且税收征管效率低下，贸易自由会给政府，尤其是严重依赖贸易税收收入的政府财政带来较大的影响。但政府可以通过对国内税收政策进行调节，如所得税以及销售税等，同时保证政府财政收入以及改善社会福利。初期贸易开放度的增加所带来的经济活动活跃，税基增加远高于税率下降对于税收收入的影响；长期随着贸易开放加深，会对总税收收入产生负面影响，故本章提出假设如下：

假设 1：贸易开放初期，贸易税收收入会减少，而总税收收入会增加；

假设 2：随着贸易开放度的加深，贸易税收收入与总税收收入将会减少。

除了核心解释变量贸易开放度外，本章选取的其他控制变量的选取依据以及对应理论分析如下：

1. 贸易开放度（*open*）：贸易开放度增加，随着贸易扩张，经济的竞争与正规性增加，因而越有可能征收更多的税收，而另一方面随着开放度增加、贸易壁垒的降低，相关税收收入可能会下降（Baunsgaard 和 Keen，2010）。

2. 农业增加值（*agr*）：由于生产规模较小，农业部门的经济活动收入更难征税，因而认为农业增加值对于税收收入的影响为负向（Eltony，2002；Gupta，2007）。在回归模型中，农业增加值的增加被认为会降低税收收入。

3. 工业增加值（*ind*）：工业部门的经济活动更易征收，而且制造业课税收入会远大于农业部门，尤其是在高收入国家，工业较发达，因而认为工业增加值对地方税收收入的影响为正向（Eltony，2002 Gupta，2007）。在回归模型中，工业增加值被认为会正向影响税收收入。

4 滞后一期政府支出（*laggovex*）：控制公共部门的规模。随着公共部门规模的变化，不同税种的边际成本会受到影响，进而影响税收收入的结构（Hettich 和 Winer，1984；Gade 和 Adkins，1990）。

5. 人均 GDP（*lngdppc*）：代表地区的发展程度以及潜在税基，发展水平较高的地区会有较高的税收征管水平以及高收入纳税者。高收入国家比起低收入国家征税更加具有累进性，因而认为该指标与税收收入成正比（Agbeyegbe 等，2006）。因而在回归模型中，人均 GDP 增加被认为会增加税收收入绩效情况。

6. 65 岁及以上人口占比（*pop*65）：被用来控制依赖其他特殊税收收入的比重。Tosun（2005）认为，高龄人口占比过大会给社会造成负担，增加社会安全支出，进而加大对税收收入的力度。反过来，对于所得税收入会有负面影响。

7. 人口密度（*density*）：人口密度越大的地区，所得税以及销售税会越多，且征管成本会降低（Kenny 和 Winer，2006；Kau 和 Robin，1981；Riezman 和 Slemrod，1987）。

8. 受教育程度（*education*）：识字率的增加会促进消费，增加销售税以及所得税（Riezman 和 Slemrod，1987；Kenny 和 Winer，2006）。

9. 城镇化率（*urbanp*）：城镇化水平一定程度上反映该地区的发展水平，而且在城镇化率较高的地区对于税源地管理与监督相对较容易，城镇化率对于地方政府财政收入产生积极影响。然而高的城镇化率往往伴随着庞大的地下经济，进而减少了部分正规部门的税收收入以及其他税收收入，对税收收入产生负面影响（Aizenman 和 Jinjarak，2009）。

三、数据来源及其描述性统计

本章在实证分析时，首先选用 WTO 统计数据库中 97 发展中国家 1979—2016 年度面板数据，世界银行根据人均国民收入对于不同经济体的进行划分①，将 97 个国家同样分为四组：其中低收入发展中国家 12 个，中低收入发展中国家 34 个，中高收入发展中国家 38 个，高收入发展中国家 13 个。具体各组样本包含的国家或地区如表 5 -1 所示。

表 5 -1　　　　97 个发展中国家或地区按照收入水平分类

低收入国家或地区（12 个）	中低收入国家或地区（34 个）		中高收入国家或地区（38 个）		高收入国家或地区（13 个）
阿富汗	安哥拉	摩尔多瓦	阿尔巴尼亚	牙买加	巴哈马
贝宁	孟加拉国	蒙古	阿尔及利亚	哈萨克斯坦	巴林
布基纳法索	不丹	摩洛哥	阿根廷	黎巴嫩	巴巴多斯
埃塞俄比亚	玻利维亚	尼加拉瓜	白俄罗斯	马来西亚	智利
冈比亚	佛得角	巴基斯坦	伯利兹	马尔代夫	科威特
利比里亚	柬埔寨	巴布亚	波斯尼亚	毛里求斯	中国澳门
塞内加尔	刚果	菲律宾	博茨瓦纳	墨西哥	阿曼
马里	科特迪瓦	圣多美和普林西比	巴西	纳米比亚	卡塔尔
尼泊尔	格鲁吉亚	斯里兰卡	保加利亚	巴拉圭	塞舌尔
塞拉利昂	危地马拉	斯威士兰	中国	秘鲁	新加坡
多哥	洪都拉斯	叙利亚	哥伦比亚	罗马尼亚	圣基茨和尼维斯
乌干达	印度	突尼斯	哥斯达黎加	土耳其	中国香港
	印度尼西亚	赞比亚	多米尼加	俄罗斯	乌拉圭
	约旦	缅甸	多米尼克	南非	
	肯尼亚	塔吉克斯坦	埃及	圣文森特和格林纳丁斯	
	吉尔吉斯斯坦	也门	萨尔瓦多	圣卢西亚	
	老挝		格林纳达	苏里南	
	莱索托		伊朗	泰国	
			委内瑞拉	美属萨摩亚	

① 根据 2016 年人均国民收入低于或等于 1005 美元，划分为低收入国家；介于 1006 美元到 3955 美元之间的划分为中低收入国家；3956 美元到 12235 美元之间的为中高收入国家；大于等于 12236 美元的为高收入国家。

然后，解释变量税收收入数据来源于 GFS（Government Finance Statistics）。GFS 数据库收录于国际货币基金组织（International Monetary Fund，IMF）是最完整的税收收入数据来源，尽管如此也存在着许多数据的缺失。一些样本中国家税收数据缺失严重，故从这 97 个发展中国家或地区里面进行剔除，得出本章实证分析所用的 90 个发展中国家或地区的样本数据。其中剔除了 7 个发展中国家或地区的数据为乌干达、缅甸、塔吉克斯坦、也门、委内瑞拉、美属萨摩亚、中国香港。最后得到 90 个发展中国家或地区的数据，其中低收入发展中国家或地区 11 个，中低收入发展中国家或地区 31 个，中高收入发展中国家或地区 36 个，高收入发展中国家或地区 12 个。

其他被解释变量数据均来自 WTO 统计数据库。收集到的数据存在许多缺失值，因而在数据处理上，为了尽量保持数据的完整性与样本多样性，本章对于离群值采用缩尾处理；对于面板数据缺失值，采用后项非缺漏值填补方式进行处理。各变量统计量如表 5 -2 所示。

表 5 -2　　90 个国家或地区样本的描述性统计量

variable	Label	N	mean	sd	min	p50	max
tax（% of GDP）	总税收收入	1 960	15. 30	7. 210	0. 090	14. 60	95. 16
tradetax（% of GDP）	贸易税收收入	1 938	2. 540	3. 180	0	1. 420	33. 90
openness（% of GDP）	贸易额占 GDP 比重	1 887	85. 09	55. 10	9. 10	76. 36	441. 6
tariff（%）	加权平均关税税率	1 561	10. 14	6. 490	0	9. 320	53. 95
agr（% of GDP）	农业增加值	1 764	14. 61	11. 57	0. 040	11. 26	66. 03
ind（% of GDP）	工业增加值	1 761	30. 79	11. 74	5	30	156. 9
laggovex（% of GDP）	滞后一期政府支出	1 652	14. 38	5. 720	2. 980	13. 32	76. 22
lngdpc	地区人均 GDP 对数值	1 949	7. 780	1. 220	4. 710	7. 780	11. 45
pop65（% of total）	65 岁及以上人口占比	1 925	5. 700	3. 320	1. 040	4. 530	20. 08
density	人口密度	1 967	120. 4	124. 0	1. 440	71. 48	393. 7
education（%）	受教育程度	1 763	67. 46	25. 65	3. 750	71. 07	129
urbanp（% of total）	城镇化率	1 960	53. 76	22. 18	8. 850	52. 38	100

四、静态研究方法

本章运用的静态研究方法包括混合最小二乘法、固定效应与随机效应。

（一）混合最小二乘法（Pooled - OLS）

从标准普通最小二乘法（OLS）开始，结合所有变量进行混合面板分析，假设截距项为常数即 $\alpha_i = \alpha$，这种传统回归分析有两个主要的缺点：它假设每个国家截距项都相同和并没有控制国家层面的因素。这些都会导致得出的实证结果可信度降低很多，因此章还选用两种面板数据分析方法控制国家层面变量即固定效应与随机效应模型。

（二）固定效应（Fixed Effect，FE）

固定效应模型允许不同国家具有不同的截距项，通过增加虚拟变量控制国家层面效果。为了验证固定效应是否合适需要进行 F 检验。原假设为附加虚拟变量系数为 0（即所有国家截距项都相等且为常数，H_0：$\alpha_i = \alpha$）。如果 F 检验结果拒绝原假设，则证明固定效应模型更加合适（相比混合效应回归 Pooled - OLS）。

（三）随机效应（Random Effect，RE）

在随机效应模型中，随机干扰项 $\omega_{it} = \varepsilon_{it} + \mu_i$，包含了不同国家之间的不同之处，其中$\mu_i$为未观测到项即表示个体误差项，$\varepsilon_{it}$则代表时间效应以及跨期误差项之和；RE 模型假设$\mu_i$不与解释变量 X 相关，Breusch 和 Pagan Lagrange Multiplier（BPLM）测试方法于 1980 年被提出来检验随机效应模型。原假设为不存在个体效应或者时间序列残差项方差为 0，H_0：$\sigma_u^2 = 0$。检验结果如果拒绝原假设则说明相比混合效应模型 Pooled - OLS，随机效应模型（RE）更加合适。

（四）静态方法的比较

面板数据中，一般固定效应与随机效应都应该会优于混合效应模型。FE 模型与 RE 模型的最大不同之处在于：固定效应扰动项不随时间变化，而随机效应的扰动项随时间变化。这两种方法的取舍，则需要进行 Hausman 检验（1978）。原假设为未观测到的个体随机误差项 μ_i 与回归方程中解释变量 X_{kit} 不相关，$H_0: cov(\mu_i, X_{kit}) = 0$。如果拒绝原假设，则说明随机效应模型是有偏的，而固定效应模型更加有效的。

在决定选用固定效应模型作为本章实证所采用的最终模型之前，有必要进行一系列额外的检验。误差项ε_{it}满足白噪声假设即零均值，同方差为常数项σ^2，系列不相关性。如果存在自相关性，则方差与标准误很可能会被低估且有偏，这会导致结果存在误导进而使得统计上的显著性不可靠。如果同时存在异方差、截面相关与序列相关，则参考 Driscoll 和 Kraay（1998）提出的在 N 趋于无穷的情况下渐近有效的非参数协方差矩阵估计方法，能够获得控制异方差和自相关的一致标准误，克服了面板校正标准误 PCSE 在 N 趋于无穷情况下不够准确的问题，以解决面板数据中存在的异方差、序列相关和截面相关问题。具体在实证分析中的运用参考 Hoechle（2007）。

五、动态研究方法

之所以需要运用动态分析方法主要有两个原因：一是实证分析模型中包含了滞后一期的政府支出这一解释变量，因而研究上一期税收收入对当期的影响是有必要的，进而测试当期被解释变量有多少能够被自身解释；二是解决内生性问题，探讨由于模型误设所引起的可能性即因为遗漏滞后被解释变量导致模型不适用的可能性。增加滞后一期被解释变量将式（5-6）进行扩展变为动态面板模型：

$$T_{it}/Y_{it} = \beta_0 + \gamma T_{it-1}/Y_{it-1} + \sum_{k=1}^{n} \beta_k X_{kit} + \varepsilon_{it} + \mu_i \tag{5-9}$$

由于滞后一期被解释变量的存在，等式右边与残差项ε_{it}存在相关性，因而动态面板模型中个体效应存在异质性，因而需采用不同的估计方法进行检验模型。

（一）GMM 估计

本章选用 Arellano 和 Bond（1991）与 Arellano 和 Bover（1995）最先提出的 GMM 方法进行动态面板数据检验，首先，通过一阶差分，消除地区个体效应如下：

$$T_{it}/Y_{it} - T_{it-1}/Y_{it-1} = \gamma^{*}(T_{it-1}/Y_{it-1} - T_{it-2}/Y_{it-2}) + \sum_{k=1}^{n} \beta_k (X_{kit} - X_{kit-1}) + (\varepsilon_{it} - \varepsilon_{it-1}) \tag{5-10}$$

基于以下标准条件：

$$E(T_{it-s}/Y_{it-s}\Delta\varepsilon_{it}) = 0; 其中\ t = 3,\cdots,N, s \geqslant 2 \tag{5-11}$$

经过一阶差分，税收收入滞后项与干扰项不相关，此方法用滞后内生变量作为工具变量控制可能存在的内生性问题。然而在一阶差分后，GMM 估计值可能存在很大的样本偏差以及较差的精度且存在弱工具变量的问题（Blundell 和 Bond，1998）。因此为改善标准一阶差分 GMM 估计值相关特征，他们提出了扩展 GMM 估计，满足以下条件：

$$E[\Delta T_{it-1}/Y_{it-1}(\varepsilon_{it}+\mu_i)]=0 \qquad (5-12)$$

也就是说被解释变量滞后差分项与地区层面效应无相关性。这种调整使用被解释变量滞后值作为一阶差分方程的工具变量。此方法即为系统 GMM 估计，包含了差分以及水平回归方程，且每一方程都有具体的工具变量。系统 GMM 估计不仅改善了精度，而且减少了样本偏差。

（二）GMM 估计检验

GMM 估计包括差分 GMM 以及系统 GMM 两种方法，系统 GMM 是对差分 GMM 的扩展。差分 GMM 是对原方程作差分，使用变量滞后阶作为工具变量。差分 GMM 的缺陷有：差分时消除了非观测截面个体效应及不随时间变化的其他变量，且有时变量滞后阶并非理想工具变量。系统 GMM 相当于联立了差分方程和原水平方程，使用变量滞后阶作为差分方程的工具变量，同时使用差分变量的滞后项作为水平方程的工具变量。GMM 估计方法假设干扰项 ε_{it} 并不是系列相关的。如果假设成立的话，需要满足一阶差分 $\varepsilon_{it}-\varepsilon_{it-1}$ 存在序列相关且二阶差分不存在序列相关（Droonik 等，2002）。这一条件非常重要，因为 GMM 一致性估计需要满足条件 $E[\Delta\varepsilon_{it}\Delta\varepsilon_{it-2}]=0$。因此在一阶差分残差项中序列的自相关性检验必须通过。此外，为了估计工具变量的有效性，可以用 Sargan 检验，由 Arellano 和 Bond（1991）提出。原假设为工具变量与误差项不存在相关性。Sargan 检验结果不拒绝原假设，则说明工具变量较为合适，GMM 估计才更有效。

第三节 贸易开放对税收收入的影响

本章实证分析方法包括混合面板 pooled - OLS、固定效应模型、随机效应以及差分 GMM 与系统 GMM 五种。贸易开放衡量指标分为两种即进出口贸易额在 GDP 中占比与加权平均适用关税税率。将税收收入情况包括总税收收入占 GDP 比率与贸易税收收入占 GDP 比率进行回归分析。

一、贸易开放对贸易税收收入的冲击

（一）进出口贸易额对贸易税收收入的影响

五种实证方法汇总结果如表5－3所示，以进出口贸易额占比为指标衡量的贸易开放度对贸易税收收入的影响的五种实证分析方法结果不一。

表5－3　外贸依存度对贸易税收收入的实证分析结果汇总

tradetax	(1) Pooled－OLS	(2) FE	(3) RE	(4) diff－GMM	(5) sys－GMM
L. tradetax				0.483*** (0.098)	0.898*** (0.032)
openness	0.013* (0.008)	－0.019*** (0.004)	－0.015*** (0.002)	0.004 (0.003)	0.003* (0.001)
agr	－0.105*** (0.039)	0.002 (0.013)	0.000 (0.015)	0.016 (0.013)	－0.005 (0.006)
ind	－0.082*** (0.026)	0.038*** (0.010)	0.031*** (0.010)	0.025* (0.013)	－0.005 (0.004)
laggovex	0.125* (0.065)	－0.005 (0.023)	0.010 (0.015)	－0.036 (0.031)	0.006 (0.009)
lngdpc	0.172 (0.379)	－0.216 (0.193)	－0.261** (0.120)	0.020 (0.139)	0.011 (0.053)
pop65	－0.181** (0.070)	－0.387*** (0.074)	－0.285*** (0.059)	－0.241* (0.143)	－0.015 (0.031)
density	－0.000 (0.002)	－0.016*** (0.003)	－0.007*** (0.002)	－0.005 (0.005)	－0.000 (0.000)
education	－0.017 (0.016)	－0.004 (0.007)	0.001 (0.005)	－0.016* (0.009)	－0.001 (0.003)
urbanp	－0.042* (0.021)	0.054*** (0.015)	－0.006 (0.012)	0.054 (0.058)	－0.004 (0.003)
_cons	6.985** (2.792)	5.798*** (1.546)	7.165*** (1.208)		0.452 (0.508)

续表

tradetax	(1) Pooled - OLS	(2) FE	(3) RE	(4) diff - GMM	(5) sys - GMM
Observations	1 365	1 365	1 365	1 257	1 363
R^2	0.295	0.217	0.001		
F		0.000			
BPLM			0.000		
Hauseman	183.13 (0.000)				
Heteroskedasticity test	0.000				
Wooldridge test	0.000				
AR (1)				0.072	0.041
AR (2)				0.256	0.310
Sarganp				0.000	0.046
Hansenp				1.000	1.000
Country FE	YES	YES	YES	YES	YES
Year FE	NO	NO	NO	NO	NO

Robust standard errors in parentheses； ***p<0.01， **p<0.05， *p<0.1。

1. 根据混合面板效应模型结果：随着国际贸易活动频繁发生，该国贸易税收收入会显著增加。进出口贸易额每增加1%，贸易税收收入将提高0.013%。农业的增长会显著降低贸易税收收入，这与学者们的研究结论一致。然而工业部门经济活动越发达，贸易税收收入却表现出显著下降的趋势，也可能是因为工业迅速发展，出口贸易活动增加，进口相对较少，因而导致出口为导向贸易政策的国家贸易税收收入会降低。65岁及以上人口占比以及城镇化率的提高显著降低了贸易税收收入，而滞后一期政府支出与贸易税收收入显著正相关。

2. 根据F检验结果可以判断固定效应模型效果优于混合面板效应模型，且由于检验结果表明样本存在异方差以及序列相关性，因此参考Driscoll和Kraay（1998）与Hoechle（2007）提出的解决办法进行固定效应模型分析。结果显示，发展中国家进出口贸易额每增加1%，贸易税收收入将显著降低0.019%。此外与Pooled - OLS回归结果不同的是：工业增加值与城镇化率对贸易税收收入显著正相关。

3. 根据 BPLM 检验结果可以判断，相比 Pooled - OLS 模型，随机效应模型更加合适。随机效应模型结果显示，国际贸易额每增加 1%，该国贸易税收收入将显著降低 0.015%。此外与固定效应回归结果不同的是：人均 GDP 会显著正向影响贸易税收收入，而城镇化率对贸易税收收入影响并不显著。从 Hausman 检验结果可以判断，相比随机效应模型，固定效应模型更加适合作为实证分析模型。

4. 动态面板差分 GMM 模型结果表明贸易开放度的增加并不会显著促进贸易税收收入。65 岁人口占比以及受教育程度的提高显著抑制贸易税收收入，工业增加值将显著促进贸易税收收入。根据 AR（1）与 AR（2）值可以判断一阶差分存在序列相关，而二阶差分不存在序列相关。Sargan 检验结果得出工具变量的选择并不十分有效，而 Hansen 检验结果可以得出工具变量的选择是有效的。被解释变量税收收入当期值中 48.3% 是由变量本身所解释。

5. 动态面板系统 GMM 模型分析中，国际贸易总额每增加 1%，该国贸易税收收入将显著增加 0.003%。根据 AR（1）与 AR（2）值可以判断一阶差分存在序列相关，而二阶差分不存在序列相关。尽管在 1% 水平下，符合 Sargan 检验结果。本章认为该模型较为合适，其中被解释变量税收收入当期值中 89.8% 是由变量本身所解释。

（二）平均关税税率对贸易税收收入的影响分析

五种实证方法汇总结果如表 5 - 4 所示：可以看出加权平均适用关税税率对贸易税收收入的影响并不显著。

表 5 - 4　　平均关税税率对贸易税收收入的实证分析结果汇总

tradetax	(1) Pooled - OLS	(2) FE	(3) RE	(4) diff - GMM	(5) sys - GMM
L. tradetax				0.454*** (0.083)	0.901*** (0.033)
tariff	0.023 (0.025)	-0.006 (0.007)	0.001 (0.009)	0.011 (0.011)	-0.002 (0.013)
agr	-0.094* (0.048)	0.011 (0.012)	-0.002 (0.017)	0.005 (0.017)	-0.004 (0.011)
ind	-0.073** (0.028)	0.035*** (0.010)	0.026** (0.011)	0.024* (0.014)	-0.003 (0.006)

续表

tradetax	(1) Pooled - OLS	(2) FE	(3) RE	(4) diff - GMM	(5) sys - GMM
laggovex	0.195** (0.085)	-0.011 (0.036)	0.015 (0.020)	-0.043 (0.041)	0.013* (0.007)
lngdpc	0.357 (0.469)	0.169 (0.164)	-0.028 (0.136)	0.062 (0.150)	0.038 (0.081)
pop65	-0.173** (0.079)	-0.502*** (0.077)	-0.354*** (0.061)	-0.220** (0.088)	-0.012 (0.012)
density	-0.001 (0.002)	-0.028*** (0.004)	-0.011*** (0.002)	0.001 (0.005)	-0.000 (0.001)
education	-0.013 (0.016)	0.015 (0.009)	0.014*** (0.005)	-0.010* (0.005)	-0.000 (0.003)
urbanp	-0.050** (0.021)	-0.020 (0.015)	-0.058*** (0.013)	0.029 (0.046)	-0.006 (0.007)
_cons	5.011 (3.333)	6.242*** (1.489)	7.113*** (1.370)		0.336 (0.642)
Observations	1 136	1 136	1 136	1 035	1 134
R^2	0.290	0.183	0.040		
F		0.000			
BPLM			0.000		
Hauseman			84.65 (0.000)		
Heteroskedasticity test		0.000			
Wooldridge test		0.000			
AR (1)				0.094	0.068
AR (2)				0.267	0.334
Sarganp				0.000	0.226
Hansanp				1.000	1.000
Country FE	YES	YES	YES	YES	YES
Year FE	NO	NO	NO	NO	NO

Robust standard errors in parentheses; ***p<0.01, **p<0.05, *p<0.1。

1. 根据混合面板效应模型实证结果，随着平均关税税率的下降，一国贸易税收收入会增加，但作用效果并不显著。农业的增长会显著降低贸易税收收入。然而工业部门经济活动越发达，贸易税收收入却表现出显著下降的趋势，这一点与 Eltony（2002）、Gupta（2007）等人研究结论相反。65 岁及以上人口占比以及城镇化率的提高将显著降低贸易税收收入。滞后一期政府支出与贸易税收收入显著正相关。

2. 根据 F 检验结果可以判断固定效应模型效果优于混合面板效应模型，由检验结果表明样本存在异方差以及序列相关性，因此参考 Driscoll 和 Kraay（1998）与 Hoechle（2007）提出的解决办法进行固定效应模型分析。结果显示：发展中国家平均关税税率每下降 1%，贸易税收收入将显著增加 0.006%，但是这种作用并不显著。此外与 Pooled - OLS 回归结果不同的是：工业增加值与贸易税收收入呈现出显著正相关关系。

3. 根据 BPLM 检验结果可以判断，相比 Pooled - OLS 模型，随机效应模型更加合适。随机效应模型结果显示，平均关税税率对一国贸易税收收入的影响并不显著。此外与 Pooled - OLS、固定效应回归结果不同的是：教育程度的提高会显著积极影响贸易税收收入。从 Hausman 检验结果可以判断，相比随机效应模型，固定效应模型更加适合作为实证分析模型。

4. 动态面板差分 GMM 模型结果表明，关税税率的下降使得贸易开放程度扩大会促进贸易税收收入，但这种效果并不显著。受教育程度与 65 岁人口占比的上涨将抑制贸易税收收入，工业增加值与贸易税收收入表现出显著正相关关系。根据 AR（1）与 AR（2）值可以判断一阶差分存在序列相关，而二阶差分不存在序列相关。Sargan 检验结果得出工具变量的选择是并不十分有效，而 Hansen 检验结果可以得出工具变量的选择是有效的。模型并非十分合适。

5. 动态面板系统 GMM 模型分析中，平均关税税率每下降 1%，该国贸易税收收入将下降 0.002%，但是效果并不显著。滞后一期政府支出的提高将显著促进贸易税收收入。根据 AR（1）与 AR（2）值可以判断一阶差分存在序列相关，而二阶差分不存在序列相关。Sargan 检验结果可以得出工具变量是外生的。可以得出该模型恰好识别合适，其中被解释变量税收收入当期值中 90.1% 是由变量本身所解释。

（三）贸易开放度对贸易税收收入的实证分析小结

通过贸易开放的两种不同衡量方法进行实证分析发现：首先，可以确定固定效应模型是最为合适的研究方法。其次，进出口贸易额占比衡量贸易自由度的指标实证结论判断，贸易开放度的增加会降低贸易税收收入，而平均关税税率下降作为贸易开放程度增加的指标，得出随着一国贸易开放度的增加，对于贸易税收收入变化并不显著。最后，从动态面板模型结果可以看出，固定效应回归模型结果具有稳健性。因此，选用固定效应模型作为研究贸易开放对贸易税收收入影响的最终结果。

二、贸易开放对总税收收入的冲击

贸易开放两个衡量指标分别进行模型实证分析结果讨论：

（一）进出口贸易额对总税收收入的影响

五种实证方法汇总结果如表5－5所示，从整体上看，以进出口贸易额占比为指标衡量的贸易开放度对总税收收入具有显著的正向影响。

表5－5　外贸依存度对总税收收入的实证分析结果汇总

tax	(1) Pooled - OLS	(2) FE	(3) RE	(4) diff - GMM	(5) sys - GMM
L. tax				0.530*** (0.105)	0.822*** (0.043)
openness	0.025** (0.012)	0.027*** (0.008)	0.028*** (0.007)	0.039** (0.019)	0.015** (0.007)
agr	-0.186** (0.071)	-0.090* (0.047)	-0.086** (0.041)	-0.056 (0.065)	-0.039** (0.019)
ind	-0.061 (0.067)	0.000 (0.025)	-0.012 (0.026)	0.058 (0.045)	-0.017 (0.016)
laggovex	0.477*** (0.080)	0.205*** (0.065)	0.227*** (0.042)	-0.036 (0.055)	0.048* (0.028)
lngdpc	-0.186 (0.738)	0.942*** (0.340)	0.452 (0.324)	1.059* (0.595)	-0.180 (0.186)
pop65	0.072 (0.128)	-0.749*** (0.232)	-0.164 (0.145)	-0.124 (0.349)	0.042 (0.030)
density	-0.004 (0.004)	-0.034*** (0.006)	-0.013*** (0.005)	-0.017 (0.017)	-0.002** (0.001)

续表

tax	(1) Pooled - OLS	(2) FE	(3) RE	(4) diff - GMM	(5) sys - GMM
education	0.010 (0.024)	0.022 (0.014)	0.027** (0.013)	-0.017 (0.026)	0.000 (0.005)
urbanp	-0.057* (0.029)	0.084** (0.031)	-0.057** (0.028)	-0.069 (0.090)	-0.011 (0.008)
_cons	15.460** (6.929)	6.930* (3.454)	11.781*** (3.219)		3.976** (1.610)
Observations	1 366	1 366	1 366	1 260	1 366
R^2	0.301	0.066	0.222		
F		0.000			
BPLM			0.000		
Hauseman			64.81 (0.000)		
Heteroskedasticity test		0.000			
Wooldridge test		0.000			
AR (1)				0.000	0.098
AR (2)				0.499	0.365
Sarganp				0.528	0.970
Hansenp					1.000
Country FE	YES	YES	YES	YES	YES
Year FE	NO	NO	NO	NO	NO

Robust standard errors in parentheses; ***p<0.01, **p<0.05, *p<0.1。

第一，从方程（1）混合面板效应模型结果而言，贸易开放程度增加，导致国际贸易活动频繁发生，一国总税收收入会显著增加，进出口贸易额每增加1%，税收收入会增长0.025%。农业的增长会降低税收收入，这与Eltony（2002）和Gupta（2007）等人研究结论一致。政府支出也会显著正向影响税收收入，而城镇化率的增加却对税收收入表现出显著的负面影响，这在一定程度上反映出城镇化率增加所伴随的地下经济活动规模加大，进而减少了正规部门的税收收入。

第二，根据F检验结果可以判断固定效应模型效果优于混合面板效应模型，且由于检验结果表明样本存在异方差以及序列相关性，因此参考 Driscoll 和 Kraay（1998）、Hoechle（2007）提出的解决办法进行固定效应模型分析。结果显示：发展中国家进出口贸易额每增加 1%，总税收收入将显著增加 0.027%。此外与 Pooled - OLS 回归结果不同的是：人均 GDP 与城镇化率的增长会显著增加税收收入，而 65 岁及以上人口占比与人口密度则与税收收入表现出显著负相关。

第三，根据 BPLM 检验结果可以判断，相比 Pooled - OLS 模型，随机效应模型更加合适。随机效应模型结果显示，国际贸易额每增加 1%，该国总税收收入将显著增加 0.028%。此外与 Pooled - OLS、固定效应回归结果不同的是：受教育程度会显著积极影响税收收入。从 Hausman 检验结果可以判断，相比随机效应模型，固定效应模型更加适合作为实证分析模型。

第四，动态面板差分 GMM 模型（4）结果表明贸易开放度的增加会显著促进税收收入。进出口贸易额每增加 1%，该国税收收入将上升 0.039%。人均 GDP 的上涨也会显著促进税收收入的增加。根据 AR（1）与 AR（2）值可以判断一阶差分存在序列相关，而二阶差分不存在序列相关。Sargan 检验结果可以得出工具变量的选择是有效的。可以得出该模型合适，其中被解释变量税收收入当期值中 53% 是由变量本身所解释。

第五，动态面板系统 GMM 模型（5）分析中，国际贸易总额每增加 1%，该国税收收入将显著增加 0.015%，政府支出会将显著增加税收收入。而农业增加值、人口密度与税收收入呈现出显著的负相关。根据 AR（1）与 AR（2）值可以判断一阶差分存在序列相关，而二阶差分不存在序列相关。Sargan 检验结果可以得出工具变量是外生的。可以得出该模型合适，其中被解释变量税收收入当期值中 82.2% 是由变量本身所解释。

（二）平均关税税率对总税收收入的影响分析

五种实证方法汇总结果如表 5 - 6 所示：总体上，加权平均适用关税税率对总税收收入具有的负向影响，其中固定效应模型与随机效应模型中平均关税税率与税收收入显著负相关。

第一，根据方程（1）混合面板效应模型实证结果，随着平均关税税率的下降，一国总税收收入会增加，但作用效果并不显著。另外，农业活动的增长会显著降低税收收入。滞后一期政府支出也会显著正向影响税收收入，政府支出每增加 1% 将使下一年税收收入上升 0.586%。而城镇化率的增加却对税收收入表现出显著的负面影响。

表 5-6　平均关税税率对总税收收入的实证分析结果汇总

tax	(1) Pooled - OLS	(2) FE	(3) RE	(4) diff - GMM	(5) sys - GMM
L. tax				0.526*** (0.106)	0.803*** (0.051)
tariff	-0.048 (0.048)	-0.072*** (0.014)	-0.058** (0.027)	-0.030 (0.150)	-0.047 (0.050)
agr	-0.210*** (0.077)	-0.043 (0.051)	-0.071 (0.048)	-0.070 (0.077)	-0.046** (0.020)
ind	-0.039 (0.065)	0.074** (0.027)	0.026 (0.030)	0.138*** (0.051)	-0.013 (0.009)
laggovex	0.586*** (0.109)	0.155** (0.073)	0.241*** (0.059)	-0.191** (0.080)	0.077** (0.037)
lngdpc	-0.384 (0.752)	1.648*** (0.412)	0.836** (0.399)	1.016 (0.682)	-0.061 (0.173)
pop65	0.051 (0.124)	-0.698** (0.313)	-0.074 (0.157)	0.005 (0.391)	0.031 (0.032)
density	-0.003 (0.005)	-0.048*** (0.011)	-0.015*** (0.005)	-0.014 (0.023)	-0.003** (0.001)
education	0.007 (0.027)	0.028** (0.011)	0.030* (0.015)	-0.016 (0.029)	0.002 (0.007)
urbanp	-0.057* (0.031)	0.028 (0.028)	-0.112*** (0.032)	-0.016 (0.102)	-0.021*** (0.007)
_cons	17.951** (7.688)	6.012 (3.963)	12.552*** (3.921)		5.152** (2.010)
Observations	1 137	1 137	1 137	1 038	1 137
R^2	0.281	0.060	0.178		
F		0.000			
BPLM			0.000		
Hauseman			60.55 (0.000)		
Heteroskedasticity test		0.000			

续表

tax	(1) Pooled - OLS	(2) FE	(3) RE	(4) diff - GMM	(5) sys - GMM
Wooldridge test		0.000			
AR (1)				0.000	0.000
AR (2)				0.444	0.339
Sarganp				0.83	0.995
Country FE	YES	YES	YES	YES	YES
Year FE	NO	NO	NO	NO	NO

Robust standard errors in parentheses; ***p<0.01, **p<0.05, *p<0.1。

第二，根据F检验结果可以判断固定效应模型效果优于混合面板效应模型，且由于检验结果表明样本存在异方差以及序列相关性，因此参考Driscoll和Kraay（1998）、Hoechle（2007）提出的解决办法进行固定效应模型分析。结果显示：发展中国家平均关税税率每下降1%，总税收收入将显著增加0.072%。此外与Pooled - OLS回归结果不同的是：工业增加值的上升会显著正向影响税收收入；人均GDP与税收收入呈现出显著正相关关系，与Terence D等人（2006）的研究结论一致。受教育程度的提高也会显著促进税收收入，这与Riezman和Slemrod（1987）、Kenny和Winer（2006）的观点一致。而65岁及以上人口占比与人口密度则与税收收入表现出显著负相关关系。

第三，根据BPLM检验结果可以判断，相比Pooled - OLS模型，随机效应模型更加合适。随机效应模型结果显示，发展中国家平均关税税率每下降1%，该国总税收收入将显著增加0.058%。此外与固定效应回归结果不同的是：工业增加值与65岁及以上人口占比对总税收收入的影响并不显著。根据Hausman检验结果可以判断，相比随机效应模型，固定效应模型更加适合作为实证分析模型。

第四，动态面板差分GMM模型（4）结果表明平均关税税率的下降会促进税收收入，但这种效果并不显著。工业增加值的上涨会显著促进税收收入的增加，而政府支出则会降低税收收入，这与其他模型得出的结果均不同。根据AR（1）与AR（2）值可以判断一阶差分存在序列相关，而二阶差分并不存在序列相关。Sargan检验结果可以得出工具变量的选择是有效的。可以得出该模型合适，其中被解释变量税收收入当期值中52.6%是由变量本身所解释。

第五，动态面板系统GMM模型（5）分析结果显示，平均关税税率的下降会促进税收收入，但并不显著。而农业增加值、人口密度、城镇化率与税收收入呈现出显著的负相关。根据 AR（1）与 AR（2）值可以判断一阶差分存在序列相关，而二阶差分不存在序列相关。Sargan 检验结果可以得出工具变量是外生的。可以得出该模型合适，其中被解释变量税收收入当期值中 80.3% 是由变量本身所解释。

（三）贸易开放度对总税收收入的实证分析小结

通过贸易开放的两种不同衡量方法进行实证分析发现：首先，可以确定固定效应模型是最为合适的研究方法。其次，无论是以进出口贸易额增加还是平均关税税率下降作为贸易开放程度增加的指标，均可以得出随着一国贸易开放度的增加，总税收收入将呈现出上升的趋势。再次，控制变量中，农业增加值、65 岁及以上人口占比、人口密度与税收收入呈现显著负相关关系。受教育程度、政府支出与税收收入表现出显著正相关关系。最后，从动态面板模型结果可以看出，工具变量是合适的，进一步也验证了固定效应回归模型结果具有稳健性。因此，选用固定效应模型作为研究贸易开放对总税收收入影响的最终结果，根据固定效应模型分析结果，贸易自由化将会显著提高一国总税收收入。

第四节　不同收入的发展中国家分组讨论

本节将 90 个发展中国家样本按照收入水平进行分组，讨论研究贸易开放对于不同收入国家税收收入的影响，深入分析在不同发展阶段，贸易开放对税收收入的影响。其中包括低收入发展中国家 11 组，中低收入发展中国家 31 组，中高收入发展中国家 36 组，高收入发展中国家 12 组。通过对面板数据进行混合最小二乘法估计、固定效应模型估计、随机效应模型估计、差分 GMM 与系统 GMM 模型估计结果，可以得出固定效应模型是最为合适的估计方法。因此，本节实证分析选择固定效应模型进行实证分析与讨论。

一、贸易开放对低收入国家税收的影响

将贸易开放分两个衡量指标进行模型实证分析结果如表 5－7 所示。

一方面，从外贸依存度指标来看，国际贸易活动活跃并没有对低收入发展

中国家贸易税收收入与总体税收收入产生显著影响，可能是因为低收入发展中国家原先贸易活动并不多，而加之比较优势行业缺乏，导致影响效果不显著。农业增加值显著消极地影响低收入发展中国家总税收收入，而工业增加值显著积极地影响低收入发展中国家总税收收入。同样，滞后一期政府支出以及人口密度的扩大会显著刺激低收入发展中国家总税收收入的上涨。滞后一期政府支出、65 岁及以上人口占比、城镇化率对低收入发展中国家贸易税收收入有显著积极影响，而人口密度与受教育程度则对该国贸易税收收入表现出显著抑制作用。

表 5－7　　贸易开放对低收入国家税收收入的实证分析结果汇总

低收入国家	外贸依存度指标		平均关税税率指标	
	（1）总税收收入	（2）贸易税收收入	（3）总税收收入	（4）贸易税收收入
openness	0.011 (0.009)	0.005 (0.006)		
tariff			−0.176** (0.069)	−0.026 (0.030)
agr	0.007 (0.033)	−0.011 (0.019)	−0.022 (0.027)	−0.006 (0.019)
ind	0.094*** (0.023)	−0.008 (0.014)	0.113*** (0.022)	0.008 (0.013)
laggovex	0.301*** (0.080)	0.094** (0.040)	0.333** (0.118)	0.108** (0.043)
lngdpc	0.262 (0.682)	−0.329 (0.433)	−0.523 (1.030)	0.152 (0.507)
pop65	2.788*** (0.608)	1.549*** (0.216)	2.687*** (0.703)	1.271*** (0.149)
density	−0.003 (0.020)	−0.056*** (0.013)	0.027 (0.029)	−0.058*** (0.016)
education	0.047* (0.026)	−0.038** (0.015)	0.062** (0.028)	−0.032** (0.015)
urbanp	0.239* (0.118)	0.256*** (0.032)	0.174 (0.129)	0.189*** (0.033)

续表

低收入国家	外贸依存度指标		平均关税税率指标	
	(1) 总税收收入	(2) 贸易税收收入	(3) 总税收收入	(4) 贸易税收收入
_cons	-13.588*** (2.751)	-3.230* (1.849)	-7.066* (4.001)	-3.167 (1.852)
N	123	123	88	88
R^2	0.730	0.580	0.782	0.553
Country FE	YES	YES	YES	YES
Year FE	NO	NO	NO	NO

Robust standard errors in parentheses; ***p<0.01, **p<0.05, *p<0.1。

另一方面，从平均关税税率指标来看，平均关税税率的变化将对低收入发展中国家总税收收入产生显著影响，每下降1%关税税率，该国总税收收入将增加0.176%；低收入发展中国家平均关税税率下降并不会显著促进该国贸易税收收入。工业增加值会显著积极影响低收入发展中国家总税收收入。同样，滞后一期政府支出以及受教育程度的扩大会显著刺激低收入发展中国家总税收收入的上涨。滞后一期政府支出、65岁及以上人口占比、城镇化率对低收入发展中国家贸易税收收入有显著积极影响，而人口密度与受教育程度则对该国贸易税收收入表现出显著抑制作用。

二、贸易开放对中低收入国家税收的影响

将贸易开放分两个衡量指标进行模型实证分析结果如表5-8所示。

表5-8　贸易开放对中低收入国家税收收入的实证分析结果汇总

中低收入国家	外贸依存度指标		平均关税税率指标	
	(1) 总税收收入	(2) 贸易税收收入	(3) 总税收收入	(4) 贸易税收收入
openness	0.088*** (0.011)	-0.002 (0.007)		
tariff			-0.121*** (0.030)	-0.004 (0.007)
agr	0.015 (0.049)	-0.013 (0.031)	-0.109 (0.094)	-0.000 (0.053)
ind	-0.062 (0.050)	0.024 (0.025)	0.210*** (0.075)	0.114*** (0.037)

续表

中低收入国家	外贸依存度指标		平均关税税率指标	
	（1）总税收收入	（2）贸易税收收入	（3）总税收收入	（4）贸易税收收入
laggovex	0.222*** (0.058)	-0.033 (0.034)	0.177 (0.133)	-0.085 (0.079)
lngdpc	2.770*** (0.595)	0.230 (0.306)	1.969** (0.744)	0.443* (0.249)
pop65	-0.345 (0.395)	-0.397** (0.191)	-0.628 (0.740)	-0.253 (0.274)
density	-0.047*** (0.005)	-0.012*** (0.001)	-0.055*** (0.014)	-0.012** (0.005)
education	0.019 (0.034)	-0.006 (0.018)	0.029 (0.066)	-0.025 (0.029)
urbanp	-0.120 (0.081)	-0.087* (0.043)	-0.238 (0.149)	-0.087 (0.054)
_cons	-2.052 (4.058)	8.349*** (2.297)	14.682 (10.823)	5.095 (4.103)
N	429	429	248	248
R^2	0.328	0.154	0.228	0.135
Country FE	YES	YES	YES	YES
Year FE	NO	NO	NO	NO

Robust standard errors in parentheses; ***p<0.01，**p<0.05，*p<0.1。

一方面，根据方程（1）与（2）以外贸依存度指标衡量贸易开放度的实证结果，可以得出国际贸易活动活跃对中低收入发展中国家总税收收入产生显著影响，进出口贸易额每增加1%，该国家总税收收入上升0.088%；此外，人口密度显著抑制中低收入发展中国家总税收收入，滞后一期政府支出以及人均GDP的扩大会显著刺激中低收入发展中国家总税收收入的上涨。

进出口贸易活动对中低收入发展中国家的贸易税收收入产生消极影响，但并不显著。可能是因为中低收入发展中国家关税税率下降与税基增加相抵导致对贸易税收收入影响不显著。人口密度则对该国贸易税收收入表现出显著抑制作用。

另一方面，根据方程（3）与（4）以平均关税税率指标衡量贸易开放度的实证结果，可以得出平均关税税率下降会显著增加中低收入发展中国家的总税收收入，其中每下降1%平均关税税率，中低收入发展中国家的总税收收入将增加0.121%；但是对于贸易税收收入影响不显著。工业增加值与人均GDP显著积极影响中低收入发展中国家总税收收入与贸易税收收入。然而，人口密度的扩大会显著抑制中低收入发展中国家总税收收入与贸易税收收入的上涨。

三、贸易开放对中高收入国家税收的影响

将贸易开放分两个衡量指标进行模型实证分析结果如表5-9所示。

表5-9　贸易开放对中高收入国家税收收入的实证分析结果汇总

中高收入国家	外贸依存度指标		平均关税税率指标	
	（1）总税收收入	（2）贸易税收收入	（3）总税收收入	（4）贸易税收收入
openness	0.039*** (0.009)	0.012*** (0.004)		
tariff			-0.017 (0.027)	0.020* (0.011)
agr	-0.096 (0.140)	0.039* (0.023)	-0.028 (0.198)	0.065*** (0.022)
ind	0.015 (0.040)	0.007 (0.015)	0.173*** (0.040)	0.003 (0.018)
laggovex	0.160* (0.083)	0.009 (0.024)	-0.154 (0.106)	-0.082* (0.044)
lngdpc	0.997*** (0.337)	0.280 (0.176)	1.880*** (0.434)	0.571** (0.212)
pop65	-0.921* (0.480)	-0.630*** (0.126)	-0.721 (0.494)	-0.363*** (0.114)
density	-0.025 (0.017)	-0.031*** (0.007)	-0.016** (0.007)	-0.012*** (0.003)
education	-0.016 (0.018)	-0.033*** (0.008)	0.029 (0.020)	-0.008 (0.008)
urbanp	0.167*** (0.039)	0.143*** (0.019)	0.096** (0.047)	0.006 (0.022)

续表

中高收入国家	外贸依存度指标		平均关税税率指标	
	(1) 总税收收入	(2) 贸易税收收入	(3) 总税收收入	(4) 贸易税收收入
_cons	4.047 (5.771)	0.021 (1.527)	-2.625 (7.376)	1.862 (1.661)
N	669	669	401	401
R^2	0.035	0.341	0.055	0.247
Country FE	YES	YES	YES	YES
Year FE	NO	NO	NO	NO

Robust standard errors in parentheses; ***p<0.01, **p<0.05, *p<0.1。

根据方程（1）与（2）以外贸依存度指标衡量贸易开放度的实证结果，得出国际贸易开放对中高收入发展中国家的总税收收入会产生显著正向影响，进出口贸易额每增加1%，该国家总税收收入将上升0.038%；人均GDP与城镇化率显著积极影响中高收入发展中国家总税收收入。然而，65岁及以上人口占比的增加会显著抑制中高收入发展中国家总税收收入。

同时，进出口贸易活动对中高收入发展中国家的贸易税收收入产生积极影响且显著，每上升1%进出口贸易总额，该国贸易税收收入增加0.012%。农业增加值和城镇化率对中高收入发展中国家贸易税收收入有显著积极影响，而65岁及以上人口占比、人口密度与受教育程度则对该国贸易税收收入表现出显著抑制作用。

相反，根据方程（3）与（4）以平均关税税率指标衡量贸易开放度的实证结果显示，平均关税税率下降并不会显著增加中高收入发展中国家总税收收入；中高收入发展中国家平均关税税率下降将显著抑制该国贸易税收收入，每下降1%关税税率，该国贸易税收收入将下降0.02%。农业增加值与人均GDP对中高收入发展中国家贸易税收收入有显著积极影响，而滞后一期政府支出、65岁及以上人口占比、人口密度则对该国贸易税收收入表现出显著负面影响。

四、贸易开放对高收入国家税收的影响

将贸易开放分为两个衡量指标对高收入发展中国家进行固定效应估计，结果如表5-10所示。

从以外贸依存度为指标衡量的贸易开放度即总税收收入方程（1）与（2）模型结果可以判断：贸易开放会显著降低高收入发展中国家总体税收收入与贸

易税收收入，每增加1%进出口贸易额，高收入发展中国家总税收收入与贸易税收收入分别下降0.023%与0.0433%。受教育程度对高收入发展中国家贸易税收收入有显著积极影响，而65岁及以上人口占比则对该国贸易税收收入表现出显著抑制作用。

表5-10　贸易开放对高收入国家税收收入的实证分析结果汇总

高收入国家	外贸依存度指标		平均关税税率指标	
	(1) 总税收收入	(2) 贸易税收收入	(3) 总税收收入	(4) 贸易税收收入
openness	-0.022* (0.013)	-0.041*** (0.007)		
tariff			-0.029 (0.078)	-0.149*** (0.042)
agr	-0.157 (0.201)	0.099* (0.054)	0.250 (0.162)	0.087 (0.114)
ind	-0.039 (0.054)	0.031 (0.040)	0.002 (0.059)	-0.059 (0.037)
laggovex	0.040 (0.150)	-0.026 (0.088)	0.287** (0.137)	0.179** (0.066)
lngdpc	-1.702 (1.160)	-0.699 (0.592)	-0.004 (1.112)	1.398** (0.545)
pop65	-0.538 (0.361)	-0.318 (0.260)	-0.778** (0.358)	-0.700** (0.307)
density	-0.091*** (0.024)	-0.033* (0.018)	-0.073** (0.028)	-0.054** (0.021)
education	-0.008 (0.021)	0.041** (0.019)	0.015 (0.026)	0.094*** (0.026)
urbanp	0.910*** (0.326)	0.149 (0.170)	0.946*** (0.309)	-0.632*** (0.211)
_cons	-22.483 (16.866)	1.770 (7.313)	-45.255** (19.115)	42.501*** (12.737)
N	144	143	92	91
R^2	0.308	0.718	0.393	0.752
Country FE	YES	YES	YES	YES
Year FE	NO	NO	NO	NO

Robust standard errors in parentheses; ***p<0.01, **p<0.05, *p<0.1。

另外，从平均关税税率指标衡量的贸易开放度实证结果可以看出，平均关税税率的变化并没有对高收入发展中国家总体税收收入产生显著影响；滞后一期政府支出以及城镇化率显著正面影响高收入发展中国家总税收收入。而人口密度的扩大会显著负面影响高收入发展中国家总税收收入与贸易税收收入。

第五节 实证小结

本章分析继续扩大贸易开放过程中税收政策调整的制约机制，并以税收收入为主要制约因素进行实证分析。结果显示：贸易开放程度的增加会显著影响税收收入，因而在调整贸易开放的税收政策时，要充分考虑到税收的财政原则约束。通过混合效应模型、固定效应、随机效应以及 GMM 实证分析方法对发展中国家数据进行分析，然后还将 90 个发展中国家样本分组进行固定效应分析及讨论，得出主要结论如下：

第一，从所有样本实证结果可以得出，随着关税下降带来的贸易开放度加大，贸易自由化进程的加深，尽管一国贸易税收收入会表现出下降趋势，但是随着国际贸易往来活动频繁，国际贸易规模的扩大，一国的总税收收入将会提高。

第二，国家收入分组讨论结果可以得出，低收入国家贸易开放程度的加大，对该国总税收收入的影响并不大，可能是由于这些低收入国家贸易活动较少。随着收入水平的提高，对于中低收入与中高收入国家，贸易开放程度的深入将提高这些国家国内收入，进而弥补由于关税税率下降导致贸易税收收入的减少，最终导致总税收收入提升；然而对于高收入发展中国家而言，贸易开放度的加大，会降低总税收收入水平。这很可能是因为高收入发展中国家经济结构、社会制度、体制因素对于税收收入的影响更加重要（Castro 和 Camarillo，2014；Cage 和 Gadenne，2014）。

第三，在所有控制变量中，农业增加值会降低总税收收入；工业增加值将增加总税收收入与贸易税收收入；政府支出将增加下一期总税收收入；人均 GDP 的增加将会增加税收收入水平。65 岁人口占比的增加会降低贸易税收收入，但会增加总税收收入；人口密度与税收收入表现为显著负相关；教育程度的提升会使得总税收收入扩大；城镇化率的上升会提高贸易税收收入以及总税收收入。

综上，发展中国家贸易自由化进程推动后，国内税收收入将增加以弥补贸易税收收入的损失，最后对总税收收入影响方向不一；随着国家的经济发展以及收入水平的提高，再进一步降低税率促进国际贸易，提高贸易开放度的时候，会受到税收的财政原则约束，需要考虑其对税收收入的影响。因此，在贸易开放逐步加大的发展过程中，对于不同国家国内体制、经济结构、社会因素、税务征管水平等均有所不同，应综合考虑，并在贸易开放的同时配套制定相应的法律法规或政策手段，在贸易开放的不同阶段对税收政策进行优化调整。

第六章　国外贸易自由化的税收政策经验

20 世纪发达国家较早地通过削减关税实现贸易开放，到 20 世纪中后期部分发展中国家也逐渐开放本国市场。起初，关税作为财政收入来源之一，同时对本国幼稚产业起到保护作用。随着全球化的发展，各国意识到闭关锁国并非良策。在逐步开放本国市场的同时，税率下降导致的财政收入损失，需要充分利用其他税收收入进行弥补。本章通过借鉴国外一些国家贸易开放进程中贸易政策的选择及税收政策的调整，为我国今后加大贸易开放程度需要注意的问题等提供借鉴。

在国家的选取上，首先选择了美国作为发达国家的典型代表，美国很早开始贸易自由化，在这个过程中税收政策的调整以及对贸易与财政的影响如何，将作为经验分析国家之一。其次，研究主要以发展模式、经济制度等与我国较为相似的发展中国家贸易开放为借鉴，根据数据及资料收集等情况选择了泰国、加纳与印度为例。其中前两个国家贸易自由化初期财政盈余，而印度财政出现赤字状况影响贸易自由化进程进而反复调整贸易政策，通过正反两个方面及不同贸易政策选取对贸易开放过程中税收政策调整进行经验借鉴。

第一节　美国公平贸易理论下的税收政策调整

美国作为发达国家，较早地实现了贸易自由化。在此之前也经历了长时间的贸易保护，贸易保护与贸易自由思想与政策选择之间的矛盾运动几乎贯穿于整个美国历史。从单一的关税政策到复杂多样的非关税壁垒政策，从两者之间的直接对立到相互妥协后以互惠贸易为表现的间接对立，最终美国既实现对幼稚产业的保护使其得以发展，又推进世界各国贸易自由政策之间的平衡。

一、1933 年以前的贸易保护主义变化

1933 年以前美国贸易政策以贸易保护为主，主要手段是关税。贸易保护政策促进美国工业化的顺利实现，关税作为保护国内幼稚产业的有效手段，很好地促进了美国工业的发展，为工业化的完成创造了有利的条件。17 世纪欧洲国家普遍受到重商主义的影响，无暇顾及。自独立战争后，美国逐渐发展，在此过程中加强了贸易保护政策的实施。由于当时美国中央政府并没有任何征税权，只能依靠地方政府提供财政支持。各州之间随意征收歧视性关税，缺乏统一的对外贸易政策。州政府之间的恶性竞争导致美国经济上的严重损失。1789 年美国国债总额累计已达 7 712 万美元。① 这阶段美国国内对于贸易保护与贸易自由的争论愈发激烈，其中美国南方代表主张自由贸易，然而以汉密尔顿为代表的联邦党人却主张贸易保护。并修改了《联邦条例》，开始实行外贸政策，而这种政策具有明显的贸易保护倾向。同年，第一部有关关税的法案形成，即《关税和吨位法令》。这一法令规定对进口商品征收 5% ~10% 的关税，但是并没有发挥预期作用。之后美国又多次调高关税税率，到 1816 年制造业的平均关税税率约达 25%。1828 年，美国主要是针对羊毛纺织工业及钢铁产业进行保护而再次提高关税税率，使得平均关税税率高达 49%。20 年后，受到英国自由贸易运动的影响，美国开始降低关税，尤其是针对从英国进口的产品。南北战争的爆发，导致军费不足，为此，美国又大幅提高关税，1890 年《麦金莱关税法》发布实施，进口关税平均税率达到 49%。直到 19 世纪后期，贸易保护一直都是美国对外政策的主要方向。

1900 年，美国开放贸易的思想开始盛行，此时 1909 年《佩恩—阿尔德里奇法案》以及 1913 年《安德伍德—西蒙斯法案》的通过，普遍下调关税税率，而且对于如木材、新闻纸、羊毛、鞋和农具等产品实行零关税。然而好景不长，第一次世界大战的爆发，导致各国在短期经济景气后发生经济危机，美国恢复了全面高额关税状态。1922 年通过《福德尼—麦坎伯关税法》给予了化学工业和染料业特殊保护。甚至于 1929 年著名的《斯穆特—霍利关税法案》通过，标志着美国从此进入高度贸易保护期，上千种商品的关税税率大幅度提高。其中，农作物原料的平均税率由 38.1% 提高到 48.92%；而根据

---

① 福克纳．美国经济史［M］．王昆，译．北京：商务印书馆，1964：200.

1932 年进口贸易情况来看，应税物品实际征收的平均税率高达 53.2%。[①] 这一政策引发别国的报复，一时间各国开始陆续提高关税实行贸易保护政策，在全球范围内开始了贸易战。贸易战带来了恶性竞争，负面影响巨大，引发全球经济衰退，美国经济也陷于瘫痪状态。

17 世纪美国联邦的主要收入来源依靠各州的救济，后来进行贸易政策调整，使得关税成为联邦的主要收入来源。到 1861 年南北战争的爆发，美国大幅提高关税以补充军需。同时，国会通过了《1861 年收入法案》，开征个人所得税。对于年总收入所得超过 800 美元的部分按照 3% 税率征税。随后，内战的结束，为了刺激经济发展，降低关税与消费税。1868 年联邦税收收入主要来源于酒税与土豆税，同时降低个人所得税税率，直到 1872 年完全废除。《麦金莱关税法》中提高关税税率，1896—1910 年间关税成为联邦政府的主要收入来源。随着 20 世纪初自由贸易的浪潮，美国 1909 年开始降低关税，导致联邦财政收入紧张。为补充收入，国会于 1913 年通过了新的个人所得税法，规定年总收入所得额在 50 万美元以上的个人征收，税率范围在 1% ~7%。由于纳税人少，个人所得税收入甚微。随着第一次世界大战的爆发，政府收入捉襟见肘，开始不断提高所得税税率以及征收范围。到 1918 年所得税收入达到联邦税收收入的 1/3。第一次世界大战结束后，国会先后五次下调所得税税率，最后恢复到最高税率为 25%、最低为 1% 的水平。随后的大萧条时期，财政赤字加剧，国会又提高个人所得税税率。公司所得税于 1909 年颁布，但公司所得税占联邦税收收入比重较低。

二、1934 年至《1974 年贸易法》出台期间贸易自由的转变

1929—1933 年的经济大萧条时期，美国对外贸易急剧下降。罗斯福新政开始，新政提出干预主义，深刻改变了美国的制度结构，美国从此进入到了一个强势政府新时代。在这种情形下，美国政府决定放弃贸易保护政策，并于 1934 年通过了《互惠贸易协定法》，完成了美国历史上在对外贸易政策上的一次重大制度变迁，至此美国开始走上贸易自由化的道路。第一次世界大战的爆发加速了美国工业化进程；第二次世界大战的响起，使美国成为资本主义一大强国，在世界出口中的比重远超其他西方国家，具有很强的产业竞争优势。可以说，第二次世界大战后美国完成了从贸易保护政策到贸易自由的实质性转变。

---

① http：//future. state. gov/when/timeline/1921_timeline/smoot_tariff. html.

1948年美国国会通过“马歇尔计划”，该计划表示会给予欧洲国家经济上的援助，但是这些国家必须降低关税并取消关税配额，也就是说要求这些国家被动地接受自由贸易原则。此后，美国开始与各国加强贸易合作，积极签订关税减让协定。1948年《关税及贸易总协定》（GATT）临时生效，直到1995年整整生效了47年。美国在GATT的范围内大力开展大规模的多边贸易谈判。1962年肯尼迪提出了全新的《贸易扩大法》，初步建立起了第二次世界大战后贸易新秩序。肯尼迪回合作为第二次世界大战后贸易自由化浪潮中的最高峰，其顺利地结束后，各国就贸易壁垒达成《反倾销协议》，为GATT第六条提供了坚实的基础。随着竞争的日益激烈，《1974年贸易法》的通过，规定总统有权对外贸易谈判，而国会不能进行附加修正案，只能表示同意或否决。

20世纪30年代以来，美国奉行贸易自由化，但这种贸易自由是一种有保护的开放，因为其自由的思想中隐含“互惠思想”。不仅自身降低关税还要求其他国家也做到，这个阶段美国所奉行的自由贸易政策是经济利益下政治势力与经济地位相结合所发生的，体现了对外交往过程中的国家利益。

大萧条过后的1936年，个人所得税税率已上升至最高税率达79%，最低税率为4%。随着贸易自由化的发展以及第二次世界大战的爆发，为弥补收入及战争支出，美国联邦政府多次提高所得税税率。到1944年，联邦个人所得税发生了根本性的变化，应纳税所得额小于2000美元的纳税人税率达23%，而应纳税所得额超过20万美元者的税率高达94%。同样，1962年，肯迪尼总统提出了一项永久性减税方案，经过两年的商谈，形成了《1964年税收法案》，降低了个人所得税税率约20%。公司所得税税率从52%降低到48%。此次减税的目的主要在于刺激总需求。

三、1974年以后自由与公平贸易发展

20世纪70年代，各国竞争加剧，美国竞争优势逐渐下降，因而美国的对外贸易政策也开始了新的变革，“公平贸易”的思想开始得以激烈地讨论。1974年的《新贸易法》明确设置了报复条款，这一条款也是其区别于以往贸易法律法规之处，这种行为被认为是富有浓厚的贸易保护色彩。之前关税作为贸易保护的主要手段，美国已经降低关税推进贸易自由。然而，非关税壁垒却成为“新保护主义”下的重要手段。美国从原先倡导自由贸易开始逐渐转向“公平贸易”。到20世纪80年代，美国公平贸易思想不断增强。当时的里根总统还在“贸易政策行动计划”中提出“自由与公平贸易”概念，并成立了以

商务部为首的贸易反击小组，主要调查外国的不公平贸易行为。1988 年美国通过的《综合贸易和竞争法》具有重要意义，是指导 20 世纪后期贸易政策的根本原则和方向，同样标志着美国从自由贸易转向公平贸易的贸易政策。随后，美国积极利用 GATT 或 WTO 的多变谈判推进全球贸易，促进双边、多边贸易发展。

在公平贸易的政策指导下，美国贸易政策已非是简单的关税减让，自由贸易方式和程度也发生了很大的变化，可以说美国外贸政策基本实现了贸易自由化。但这种贸易自由是有保留、有选择和有限度的，美国用一系列贸易协定作为向他国贸易谈判施压的手段。巴格瓦蒂曾指出“美国与他国签署的贸易协定中设置多种规则约束，增加了相互之间的交易成本”。① 也可以说美国为推动区域或多边自由贸易协定花费了很大的功夫。通过这些贸易协定规则的制定来充分发挥美国的竞争优势，实现美国的经济利益。

伴随着贸易政策的调整，美国的税制改革也随之开启。20 世纪 70 年代，美国出现了持续性滞胀现象，从 1973—1980 年，消费物价指数平均每年上涨 9.3%，失业率一度高达 6%。在滞胀面前，凯恩斯主义并无良好解决之道。联邦政府反复调整所得税，但都无大起色。直到里根总统上台，通过《1981 年经济复兴法案》，实行税率削减计划；其中规定 1985 年起对税级、个人宽免额、标准扣除，根据通货膨胀率实行指数化调整；降低遗产与赠与税税负等。该法案的实施在促进投资与经济增长上取得了较好的效果，但是联邦税制仍然很复杂，而且税率下降导致政府高赤字，进而引发了 1986 年税制改革。这也是美国自第二次世界大战以来最为彻底的一次综合性改革。主要表现为：个人所得税减少至两档，分别为 15% 和 28%；企业所得税税率从 46% 下降到 34%。此次税改在简化税制、降低税率、拓宽税基方面取得了很大的成功。

进入 21 世纪，美国经济发展开始缓慢，减税是美国这一时期税制改革的主流。其中，2003 年为鼓励投资及刺激金融市场发展，议会通过了美国历史上第三次最大的减税：将资本利得税率由 20% 降至 15%；红利所得的最高边际税率也降至 15%；将个人所得税的最高边际税率降至 35%。此后的税改方案延续减税政策，2017 年美国总统特朗普签署《减税和就业法案》，是继 1986 年以来美国联邦税收制度最为重大的一次变化，其中将公司最高税率从目前的

① Jagdish N. Bhagwati, Arvind Panagriya A. Bilateral Trade Treaties Are a Sham [N]. Financial Times, 2003-07-14.

35%降至20%，个人所得税最高边际税率从39.6%降到35%。

四、贸易开放对美国关税收入及贸易的影响（1790—1934年）

18世纪至20世纪初期，美国贸易政策变化较为反复，关税税率也在反复调整。如图6－1所示平均关税税率的变化以及关税收入占比变化上下波动的情况。在19世纪20年代关税税率上升，联邦政府主要收入来源为关税收入，占比甚至一度超过90%。18世纪30年代平均关税税率下降，甚至下降到30%，同样关税收入占联邦财政收入比重下降，甚至不到一半。19世纪中叶，美国平均关税税率波动下降，最低值仅为20%左右。关税收入占联邦总税收收入比重不到30%。19世纪中后期，美国关税税率开始波动上升，在40%～50%范围内波动，关税收入占比也随之波动，但仍然在联邦收入来源中占举足轻重的地位。20世纪初期关税税率波动不大，直到1913年，关税税率大幅下降，1920年美国平均关税税率仅为16.4%，同年关税收入占联邦财政收入比约5%。此后，关税税率开始上升，直到1934年达到60%左右。大萧条时期，美国政府通过提高关税增加政府收入，但是效果不佳，尽管关税税率大幅上升，但关税收入占比仅为15%左右。

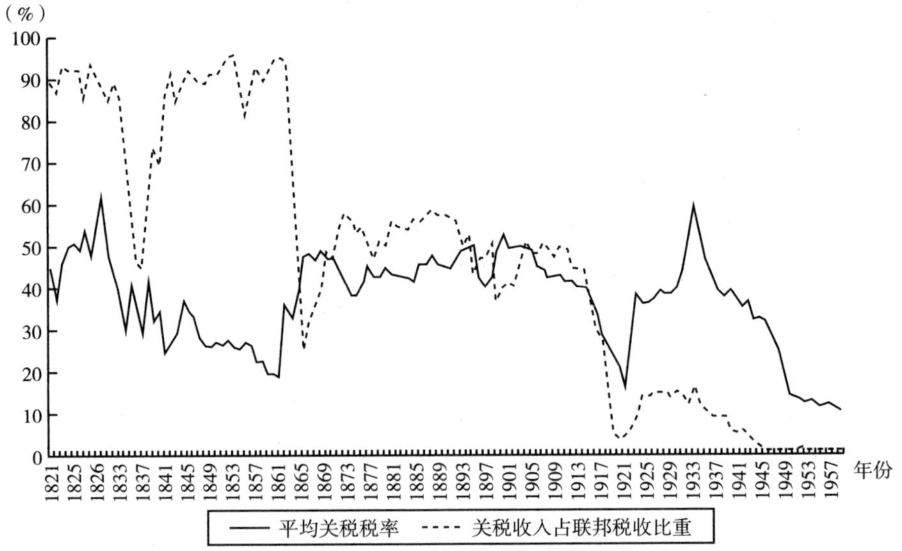

图6－1　1821—1957年美国关税税率及关税收入占比变化

资料来源：Census Bureau，1960.

另外，分析这段时期美国对外贸易变化情况（见图6－2）。从18世纪末到19世纪末，美国进出口额变化不大，这段时期关税税率反复波动并未导致贸易发生太明显的变化，直到1913年开始大幅下调关税税率，对外贸易量大幅增加，尤其是1920年，关税税率达到此前最低水平，刺激了对外贸易量大幅增长，尤其是美国的出口贸易超过进口贸易，美国处于贸易顺差状态。此后的几年时间里美国关税税率又进行了上升的调整，导致美国对外贸易开始下降。

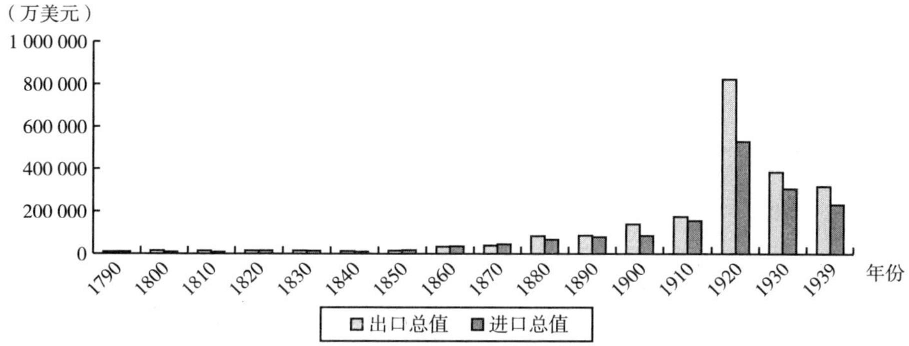

图6－2　1790—1939年美国进出口总值

资料来源：美国统计摘要，1940年版，表482，第836页.

五、贸易自由化对美国财政及贸易的影响（1934—2020年）

大萧条时期过后，美国开始走上贸易自由化的道路，1934年后关税税率大幅下降，到1957年平均关税税率在10%左右，关税收入在联邦政府收入中占比很少，几乎可以忽略。根据世界银行数据库数据，到1989年美国关税平均税率为3.97%，到2000年该比例变为1.98%。此后，美国平均关税税率不超过2%。联邦收入中关税收入占比十分少。故这一时期分析美国联邦政府收入来源，将关税收入放入其他进行统计（见图6－3）。

从整体上看，美国的消费税收入占比呈下降趋势，社保税与个人所得税收入占比呈上升趋势。从图6－3中可以看出，所得税收入是联邦政府收入的主要来源之一，尤其是个人所得税收入。1934年联邦所得税收入占联邦总税收收入比为26.5%，其中个人所得税收入占比14.2%，企业所得税收入占比为12.3%。到1942年，个人所得税收入占比超过20%。此后的两年，美国联邦政府个人所得税收入增长了两倍。到1944年，个人所得税占联邦税收收入比重高达45%。之后的70多年里，个人所得税收入占比保持在40%~50%，可见美国贸易自由化后，联邦政府关税收入来源大幅下降，个人所得税收入的提高补充了联邦政府税收收入。企业所得税收入在1943年占比达到最高为39.8%，此后企业所得税收入减少，1974年仅为14.7%，1983年达到最低值为6.2%，此后占比在6%~15%浮动。

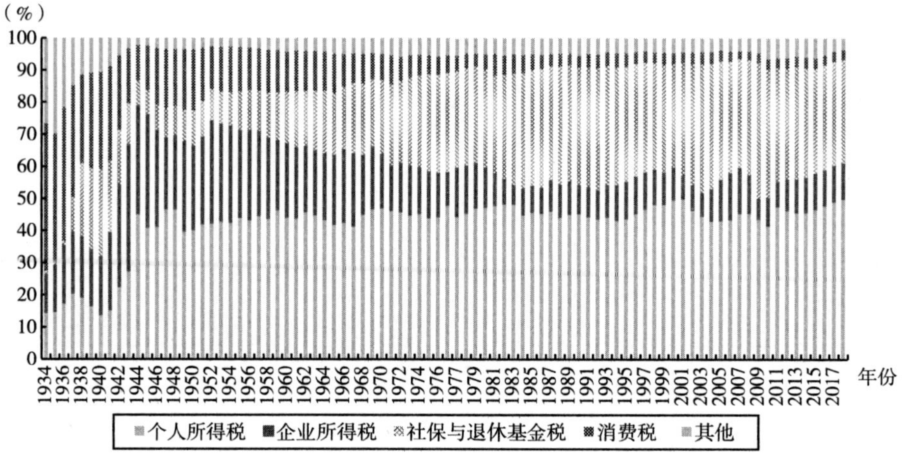

图6-3 1934—2017年美国联邦收入来源分布

资料来源：Office of Management and Budget. http：//www. whitehouse. gov/omb/budget/.

分析贸易自由化后美国对外贸易情况，见图6-4。[①] 美国对外贸易大体呈现上升趋势，1960年美国对外贸易占GDP比重仅为9.17%，其中进口占GDP比重为4.20%。20世纪70年代贸易占比有所上升，年均为14.54%。80年代美国贸易占GDP比重年均为18.09%。到1994年该比重达到20.99%，之后的每年贸易占比都超过了20%，甚至于2010年比重超过30%。此后呈现出下降趋势，到2020年，美国对外贸易占GDP比重为23.38%。20世纪60年代美国还是贸易顺差状态，从1976年开始贸易就一直处于逆差水平。美国1934年开始走上贸易自由化之路，直到第二次世界大战结束，美国才处于全球贸易自由化的先列。

六、经验小结

从1790年到1860年间，作为发展中国家的美国一直实行高关税，其中很

① 由于世界银行数据库中美国对外贸易相关数据最早到1960年，此处数据选用1960—2016年进行分析。

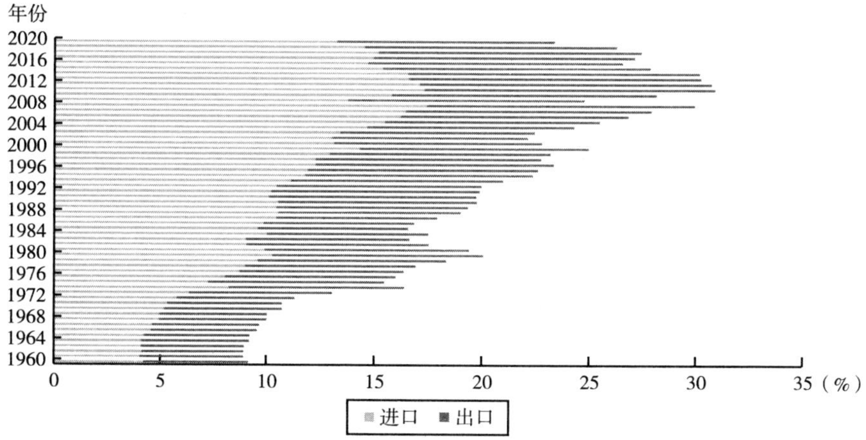

图 6-4　1960—2020 年美国进出口贸易占 GDP 比重

资料来源：WDI 数据库。

大部分原因在于增加联邦政府收入。但从 1861 年开始至 1933 年，美国实行高关税的目的开始转变，关税的财政收入职能变弱，关税的产业保护作用凸显。国内税制结构调整频繁，以应对关税收入下降对联邦财政收入的弥补，同时这一阶段开始限制进口。美国生产力在这一时期开始逐渐提升、经济实力开始增强，从发展中国家转为发达国家。并希望通过出口参与到世界市场，提高国际竞争力，打破欧洲对世界市场的垄断。

第二次世界大战后，经济实力大增的美国开始频频使用贸易壁垒手段威胁欧洲及日韩等国，以迫使他国打开国门并获取更多的市场。Thomas（2018）曾指出："在美国的驱动下，20 世纪开始至今，各国的关税壁垒逐渐下降，贸易门槛越来越低，自由贸易成为趋势，美国历届总统惯用关税手段，这种政策手段极大地支持了美国的经济发展，推动美国达到现在的发展水平。"①

尽管美国在 20 世纪初期开始走上贸易自由化之路，但是在 20 世纪后期美国在很多领域采取的贸易政策绝大部分都违背了其自由贸易原则，例如，美国在部分领域实施进口配额、资源出口限制安排、滥用反倾销措施、甚至是在 2018 年对外开始高举"贸易战"，提高化工品、能源品等产品进口关税。另外，相关法律法规的出台如《1974 年贸易法》《1979 年贸易协定法》和《1988 年贸易和竞争综合法案》集中体现了在一些领域中美国实施的战略性国际贸易政策。

① Thomas J. S. 2018 年 6 月 15 日参加陆家嘴论坛时的演讲，见 http://www.sohu.com/a/237910093_618569.

王世春认为："美国在这一阶段所选择的与贸易自由化政策相违背的所谓公平贸易政策，是为了在经济衰退、部分行业竞争力趋弱的情况下，力图继续满足和保护该行业的局部利益。一方面，在某一阶段具有优势的行业，要求别国降低关税、消除壁垒、开放市场；另一方面，在不具有优势的领域，通过关税或非关税壁垒措施保护本国市场。"①

伴随着贸易开放，美国税制体系中联邦与州政府各司其职。主要是从联邦层面来看，由于所得税是其主要收入来源，因而国内税收政策调整主要围绕所得税展开，具体表现在简化税制、降低税率、拓宽税基等方面。

第二节　印度贸易自由化的尝试与失败

印度开放贸易相对较晚，而且其贸易政策存在反复。在其贸易自由化的过程中出现了许多问题，甚至出现持续性财政赤字现象，可以说其贸易自由化的进程并不顺利。通过借鉴印度在贸易开放进程中税收政策调整以及出现的问题，吸取教训，以便更好地为作为发展中国家的我国提供经验借鉴。

一、印度改革开放前的计划经济时期

1947 年，印度共和国独立，政府发布五年计划（1951 年开始实行）并对市场采取了干预政策以刺激经济增长和经济发展。印度计划经济提出的现实依据在于当时国内要素禀赋较少、市场进程欠发展、资本积累低、市场机制并不能自给自足地实现社会发展目标（Ishikawa，1993），国内经济可谓是百废待兴。印度计划经济的核心是通过权力的方式将财政收入合理地纳入中央政府收入中，然后再由中央政府进行二次分配。在整个过程中印度地方政府只能被动接受配合，并不能对收缴的财政收入进行自由使用。计划经济刺激了印度经济的复苏与发展直到 1990 年。然而始终有其诟病，随着经济的发展，计划经济的缺点愈发明显，越来越不适用。在这个过程中，印度经济也出现过危机迫使其贸易开放。但都比较短，一旦危机被解决，政府很快又重新回到贸易保护政策上，如此反复变化。

20 世纪 80 年代，印度经济增长战略对贸易自由化的追求达到新高。政府

① 王世春. 论公平贸易 [M]. 北京：商务印书馆，2006：8.

支出推动了经济增长，然而税收收入却跟不上财政支出的扩大步伐，导致政府财政入不敷出。最后，印度政府不得不进行外部借款（以短期借款为主）进行维持，由此产生大量负债。尤其是 1990 年海湾战争的爆发，导致石油价格的高涨致使政府出现支付危机。外汇储备达到历史新低，印度政府财政仅仅能维持两周的进口量（Joshi 和 Little，1995）。最后印度政府不得不向国际货币基金组织 IMF 请求紧急财政支持。IMF 贷款条件使得印度政府开始接纳外部自由化，到 1991 年印度才正式开启改革与对外开放。

二、1991—1998 年贸易与税收政策改革

国际借贷机构向印度发放贷款的数量很大程度上要求政府降低对国内经济的控制程度，开放市场以利于国际贸易与外商投资。1991 年印度税收改革委员会成立，其目的在于广泛考察税制结构并对改善税制提高效率提供建议。1991 年后印度政府主要的贸易与税制改革措施（见表 6－1）。

表 6－1　　1991—1998 年印度贸易与税收政策改革措施

改革措施	贸易方面	税收方面
1	取消原材料、资本品和其他投入品的数量限制；尽管 1997—1998 预算削减了约 15% 消费品进口许可证要求，但最终消费品仍保留数量限制；计划 2001 年消除所有农业、纺织业、工业品数量限制	企业所得税税率下降为 35% 且对于基础建设基金有免除额；外资企业税率为 48%；对于贸易商和小商业收入进行预估缴纳
2	逐步降低关税：进口关税最高税率从 1991 年的 200% 降低到 1997 年的 40%；关税税率数目种类下降到 10 种，在这些年有效贸易税率约从 19% 下降到了 11%	个人所得税边际税率变为 10%、20%、30%。长期资本利得税率单征 20%；赠与税被废除；生产性资本投资利得免征财富税；推定课税制度被采用，要求拥有房屋、汽车或在国外旅行的个人进行纳税申报；收入自愿披露计划被引入
3	贸易开放进程废除了出口补贴，使得汇率大幅贬值，采取市场决定汇率制度，经常账户波动性增加	消费税使用范围扩展到生产、零售以及批发环节；修订的增值税抵免范围扩大到资本品与多数投入品；最高消费税税率下降到 40%；种类也从 21 种下降为 8 种；大多数税种变成从价税；一些服务（如银行金融、证券经纪、住宅电话等服务）税被引进

资料来源：根据 Agarwal（1997）、Ahluwalia（1995）、IMF（1998）、Ishikawa（1993）、Joshi & Little（1995）、World Bank（1997）等整理而成。

三、1998 年以后贸易税收政策调整

印度于 1995 年加入 WTO，但次年由于拉奥政府以失败告终导致国内持续三年的动荡，其中又遭遇亚洲金融危机的爆发，直到进入 21 世纪，印度经济才逐渐恢复。其外贸政策重点从贸易自由化调整为适度保护和进口替代战略以促进出口。由于 WTO 规则对贸易保护主义设置各种限制，因而印度政府开始对传统贸易保护政策做出调整。一方面，使得印度不会因为单方面的贸易保护而遭受他国报复；另一方面，也可以利用 WTO 规则实施贸易救济，使其贸易保护更加隐蔽。

为了适应 WTO 规则，印度政府开始大幅削减关税，尤其是 21 世纪后。印度的关税收入属于中央政府独享收入，财政部每年的年度预算都会对关税进行修订。另外，印度政府针对不同产品实行不同的基准税率，还包括附加税与教育税费。具体政策变化如下①：

第一，2005 年开始对电子计算机通信器材半导体和科学仪器等在内的 115 种产品实行零关税。2006 年降低非农业产品的最高关税税率至 12.5%。纺织、服装的从价税率降至 12.5%。降低水泥等 10 余种工程原材料、毛棕榈油、原油和燃油、部分医药品、资本品、再生能源、电子产品、纺织品的进口关税税率。

第二，取消玉米、水泥进口关税，取消特定规格的数码摄像机关税。

第三，下调化学品、医疗设备等最高关税税率。

第四，上调部分矿产品、稀有金属（金条、白银）、铬矿和浓缩物、黄金制造中使用的金矿石和浓缩物、钒酸铵等的出口关税税率，对钢铁产品和豆油重征进口税。钢铁及其制品关税上升至 15%。撤销对电视机机顶盒的免关税优惠，加征 5% 的进口关税。商用车的关税税率从 10% 上升至 40%。冶金焦关税税率从 2.5% 上升至 5%。

第五，修改如成衣等产品的关税征收方法、根据最高零售额改为海关发票价格征收。

国内税收政策的调整方面，首先从 2005 年 4 月 1 日起，印度大部分邦政府都以增值税代替了销售税。2005—2006 年实行统一的增值税，标准税率 12.5%。此后政府扩大增值税征收范围，医疗保健服务、住宅销售服务、航班

---

① 根据印度 1998—2016 年历年度财政预算整理出来，https：//www. india. gov. in/tariff - policy.

经济舱服务逐渐扩展到娱乐活动音乐会、选美比赛、非体育赛事等服务业开征服务税。其次，在所得税方面，降低公司所得税，至2019年降低至25%；提高个税的免征额。另外，下调部分行业的消费税率，如小汽车消费税率由16%下调至12%，服务税率从12%下调至10%。

2017年7月1日，酝酿已久的货物劳务税（GST）改革正式开启，以简并税种，统一税率为主，GST税率改革后分四个层级（5%、12%、18%、28%）。此次改革主要为吸引海外投资，加快经济的发展；统一国内市场，消除各种壁垒，推动国内贸易自由化，缓解区域间的不良竞争。

四、贸易自由化对印度经济的影响

贸易开放前后中央政府总税收收入（包括贸易税收、国内直接税与间接税收入）占GDP比重变化如图6-5所示。1991年改革后，总税收收入占GDP比重迅速下降，从10.31%下降至1998年的8.22%。总税收收入占GDP比重在20世纪90年代要低于80年代。改革开放后，税收收入短期下降，之后逐渐上升，但整体比重是下降的。1997年受到亚洲金融危机的影响，印度税收收入减少。加上20世纪90年代末期印度政府换届频繁导致国内动荡不安，税收收入变化反复，直到2001年以后总税收收入才逐渐上升。除了受到2008年国际金融危机影响，税收收入有所下降外，整体上2001年开始印度税收收入呈现上升趋势。由于加入WTO后，印度关税税率下降导致贸易税收收

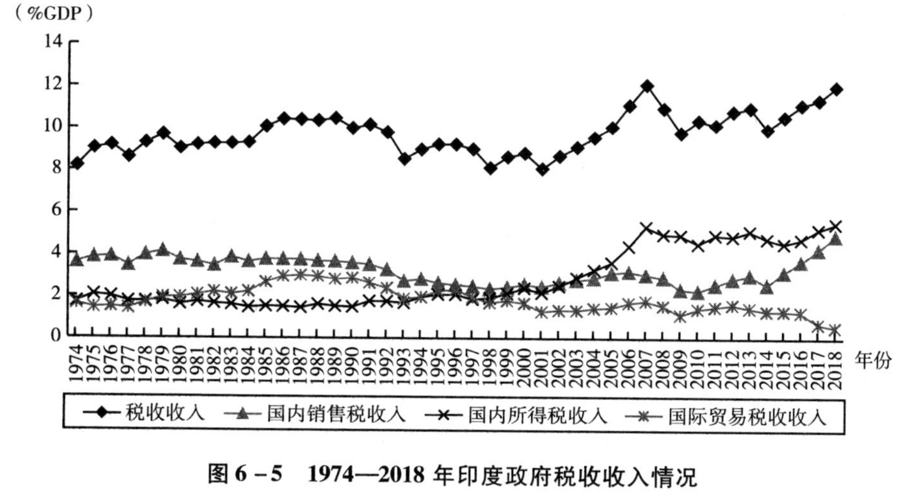

图6-5　1974—2018年印度政府税收收入情况

资料来源：WDI数据库。

入下降。在此之前贸易税收收入GDP比率基本都在2%以上，之后却都在2%以下。在20世纪80年代，贸易税收收入作为税收收入的重要来源之一，随着关税税率的下降，其比重降低，导致总税收收入的下降。但是由于国内税收收入的增加部分抵消了其对总税收的冲击。尤其是2001年以后，国内直接税收入的迅速上升甚至完全抵消了关税税率下降对税收收入所造成的负面影响。

印度国内间接税收入却并没有太大的变化，尽管20世纪90年代出现轻微下降，在21世纪前10年整体保持上升趋势，但是这种变化并不大。究其原因：第一，尽管关税税率下降导致贸易生产活跃，扩大了税基。但是印度政府免除了许多服务的税收，缩小了税基。这一相互抵消导致国内销售税收入变化不大。第二，消费税主要是在生产环节征收，而非零售或批发环节征收，因而对于此过程发生增值的部分并不产生税收，而且小规模企业很少产生消费税。第三，由于腐败现象盛行，纳税人与征管人之间相互勾结，逃税现象严重。第四，由于中央与地方政府均征收间接税，生产者税负较重，导致地下经济猖獗。尽管印度政府在贸易开放的同时调整国内税收制度，但由于上述原因使得税改对国内间接税收入的增加作用影响十分之小。国内直接税收入却表现出明显的上升趋势。在印度，扩大税基较为困难，其中最大的挑战来自于现存的大规模黑色经济。然而由于1997年印度财政部引入了收入自愿披露计划，成功地拓宽了所得税税基，并提高了所得税收入。再加上，政府在逐渐降低所得税税率导致印度政府所得税收入迅速上升。综上，随着贸易开放，印度政府税收收入可以渐渐地降低对贸易税收收入的依赖，将其转化成国内税收收入上，包括直接税与间接税收入。

印度政府贸易开放无疑促进了其进出口贸易，如图6－6所示：改革开放后，进出口贸易均有所增长，进入21世纪后贸易量显著增长。20世纪70年代与80年代进出口贸易额占GDP比重平均为12.87%与13.96%，到90年代该比率上升为20.88%。2000年后该比率翻两番，达到43.17%。这其中进口占比由1974年的6.08%增长至2020年的19.21%，增长了3.16倍，出口占比由1974年的4.88%增长至2020年的18.66%，增长了3.82倍。印度贸易开放程度的加大，促进国际贸易活动，同时刺激了国内的经济活动，扩大了国内税基。

在降低关税实现贸易开放的同时，印度政府通过采取非关税壁垒措施对本国产业进行保护。首先，印度在国际贸易通关环节通常要求提供大量的文件，使得贸易流通缓慢，尽管在2012年印度通关环节效率有所改善，通过实践由

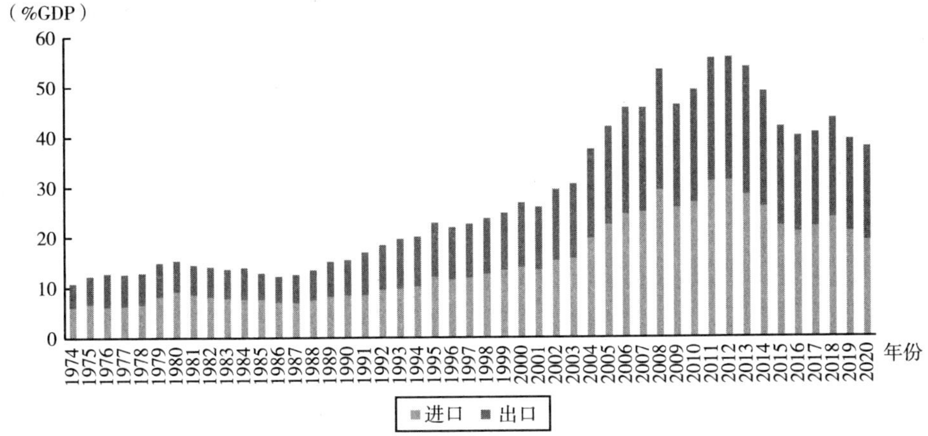

图 6－6　1974—2020 年印度对外贸易情况

资料来源：WDI 数据库。

原先的 40 天减少到 20 天。根据世界银行 2017 年全球营商环境报告公布的数据①显示，OECD 国家的货物贸易平均通关时间仅是 12 小时，文件准备时间是 3 小时，而印度则是 106 小时。其次，印度政府常使用“两反一保”以及进口限制措施。尤其是进口配额，程序复杂，需先提交申请然后再由相关部门进行批准公告。此外，印度政府频繁运用贸易救济手段。例如，在特别保障方面，印度采用替代国的内销价格或者生产价格作为我国向其出口产品的价格，这导致了很大的不公。根据世界贸易组织统计，1995—2013 年，WTO 成员国共发起了 4519 起反倾销调查，其中印度发起的反倾销调查案件占总数的 15.5%，位居首位；反补贴调查案件占总数的 18.21%，位居第二位。可见印度在贸易开放的过程中，频繁使用非关税壁垒达到贸易保护的效果。然而这些非关税壁垒在运用的过程中也在一定程度上妨碍了印度与其他国家之间的贸易。例如，巴基斯坦出口商获得了许多来自印度的订单，但是由于印度进口许可以及质量标准等非关税壁垒阻碍了巴印贸易。印度药品对中国出口设置了冗长的海关程序、复检制度及歧视性的包装及商标、进口许可证等贸易壁垒阻碍了中印贸易。

五、经验小结

1991 年印度政府在国际收支恶化、外汇储备严重不足的情况下，受新古

① 其中我国平均出口通关时间为 25.9 小时，平均进口通关实践为 92.3 小时；美国出口通关时间为 27 小时，进口通关时间为 54 小时。

典经济学理论“私有化”与“自由化”改革思路影响，启动全面经济改革。从1991—2001年，印度取消了绝大部分商品的进口数量限制，实现了经常账户下卢比的可自由兑换，并大幅度下调进口关税、优化关税结构。可以认为，印度在全面经济改革的第一个十年，初步实现了贸易自由化。然而，对外贸易的发展并未有效地改善其严重的收入分配不均、失业等状况，甚至出现财政赤字持续恶化现象，使其贸易自由的政策反复调整。

为改善这些问题，进入21世纪后贸易政策重点从贸易自由化调整为刺激出口，为此出台了一系列的税收优惠措施，并取得一定的效果，如印度基尼系数有所下降，在0.34以下，同时失业率也得到下降。在这种政策背景下，税收政策的改革也起到了很重要的作用。注重结构性减税，鼓励企业生产与居民消费，做到有增有减，减税力度各不相同。尽管间接税改革存在很多问题如黑色经济猖獗等，但所得税改革取得了良好的政策效果。

印度贸易政策的自由化是一个渐进、有限的过程。在这个背景下，反复调整贸易政策，时而保护时而加大贸易开放。由于贸易自由化所带来的问题政府难以为继，进而改变外贸政策。试图通过适度的贸易保护和进口替代措施刺激本国制造业的发展，促进经济发展，缓解并改善国内问题。在削弱关税壁垒的同时，又十分频繁地运用反补贴与反倾销等保护本国产业。在贸易自由化进程中，随着贸易开放的扩大，会伴随着许多问题的出现，如财政赤字、收入差距扩大等，这些都是需要政府当局审时度势进行预防与调整的。印度政府贸易政策调整较为频繁而且处于较被动的状态，对本国的经济发展将产生一定的负面作用。

第三节　泰国贸易自由化的税收政策改革

泰国，作为亚洲较早试行贸易自由化国家，在第二次世界大战后不久就开始走上贸易自由化进程。通过分析泰国政府经济背景包括经济增长、结构调整以及税制改革，研究泰国贸易开放过程中的税收与贸易政策变化，得出相关经验总结。

一、第二次世界大战后泰国贸易政策背景

（一）贸易政策由进口替代转为鼓励出口

第二次世界大战后，泰国开始实行进口替代工业发展战略。通过提高关税

及配额，保护国内产业增加政府收入。但由于存在大量的中间产品进口，泰国政府遭遇了严重的贸易逆差，且这种现象持续存在。在国家贸易保护政策的护航下，一些内需消费产业由原先的朝阳产业变成了夕阳产业，国内市场急需技术改革与产品更新换代。1968 年的联合国贸易发展委员会通过了一项关税优待议案，即为促进发展中国家工业化和经济发展，发达工业国家需对发展中国家进口工业制成品和半成品给予关税优惠待遇。在这种背景下，泰国开始实行以出口为导向的劳动密集型制造业发展战略。大力拓展对外经济伙伴关系，积极全面发展对外贸易，鼓励与吸引国际资本，使得泰国经济与世界经济紧密相连，实现了泰国国民经济的持久性增长。然而，1979 年第二次石油危机的暴发，导致严重依赖石油进口的泰国经济出现衰退状况。在 20 世纪 80 年代泰国经济社会发展计划中，提出注重发展重工业，以逐步减少对生产原料、中间产品和生产设备等进口的依赖程度。直到亚洲金融危机的暴发，使得泰国经济出现衰退状况。之后，泰国政府才开始了全面贸易自由开放的战略，对外贸易保持着较快的增长势头。

（二）积极推动多边贸易合作推进贸易自由化

泰国经济在 20 世纪后期得到高速发展。然而，1997 年的亚洲金融危机使泰国经济陷入衰退，结束了其持续 20 多年的高速经济发展。泰国当时的 GDP 增速甚至出现负值。进入 21 世纪，他信政府的上台提出要改变过度依赖出口的发展战略，实施自由开放型的经济发展战略，更加积极地融入全球化发展中，推进与其他国家进行双边、多边以及区域贸易协定谈判。2001 年泰国签署了多边协议，加入东盟—中国自由贸易协定。2004 年泰国分别与澳大利亚、新西兰签订双边贸易协定。截至 2021 年底，泰国与印度、日本、秘鲁、智利等国签订了双边协议，并加入了东盟—中国、东盟中国香港、东盟—日本、东盟—韩国、东盟—澳洲、东盟—新西兰及东盟—印度等多边协议中。

（三）内需外需同时拉动促进贸易发展

由于泰国经济对出口依赖较高，加之出口至美国市场产品较多，出口商品又是以电子产品为主，导致在 2001 年末泰国经济再一次陷入经济衰退。由于美国、欧洲、日本等发达国家和地区经济疲软、国际市场对信息技术产品的需求下降导致国际经济贸易环境恶化等原因点燃了泰国经济危机。此时扩大内需成为泰国经济复苏的主要动力。在政府一系列刺激内需政策的背景下，泰国经济逐渐有所起色。而后到2008年受世界金融危机影响，经济增速放缓。泰国政府积极拓展外需市场，有效地弥补了对传统商品市场出口下滑的不足。另外，泰国对中国、印度、东欧及中东国家或地区的出口贸易增长迅猛，促进其国内经济的发展。

二、贸易自由化进程中贸易税收政策变化

在20世纪70年代，泰国采取的是贸易保护政策，通过高关税、进口配额等手段保护国内产业并获得稳定的财政收入来源。然而由于中间品进口量大，导致贸易赤字，为缓解大量的贸易赤字，泰国政府鼓励出口，并在1977年的投资促进法案中明确提出。为此，泰国政府还削减贸易壁垒以加速国内工业化发展。具体措施如下：

一是财政相关措施主要表现在降低出口税，以增加出口贸易。同时采用扩张性货币政策，通过本币贬值提高泰国商品在国际市场上的竞争力；二是贸易便利化措施，简化海关的通关手续，同时增加相关服务人员。在制度上也进行一定程度的改善，使得通关效率得以提高，本国海关标准也走向了国际化；同时加强质检标准，制定标准化的质检，保证出口产品质量。三是优化出口服务，增加相关机构，同时派遣专业人员进行国际交流与信息搜集，及时妥善解决进出口环节遇到的问题，以促进出口贸易。四是重视加强信息建设，提高配套基础设施条件，为对外贸易提供良好的通讯、信息和运输服务。五是进一步支持对外贸易公司，给予相关的税收优惠与外汇奖励。

到20世纪90年代后半期，泰国开始实施贸易自由化以刺激对外贸易的发展。包括1995年开始生效的关税政策中，所涉及的11大类共3 900多项货物进行调整。主要表现为降低最高关税税率，从100%调整到30%，平均进口关税税率也从30.24%下降至21.26%；将进口关税税率档次从原先的39档压缩至6档。后来泰国平均关税税率由1999年的17%下降到2011年的11.2%、2015年的7.67%。关税政策进行了进一步的调整，开始采取六级关税体系，根据产品增值部分进行征收，具体包括：（1）对大多数工业所用原料和必需品实行零关税；（2）对部分原材料、电子零配件和用于国际运输的交通工具征收1%的关税税率；（3）初级产品和资本品征收5%关税税率；（4）中间产品征收10%关税；（5）产成品征收20%关税；（6）特殊保护商品征收30%关税；（7）对少量产品征收超过30%的关税，如进口摩托车（80%多）与大米（52%）。泰国政府对本国行业进行适度的保护中，所实施的非关税壁垒包括

“两反一保”、技术壁垒以及进口许可证和进口配额等。另外，对出口进行管制和保护的措施包括有出口登记、出口配额和出口许可、出口税、出口支持。

泰国关税结构从全面贸易自由化开始后的1999—2020年变化如表6-2所示。

表6-2 泰国关税结构

	最惠国税率 MFN applied（%）					
	1999年	2003年	2006年	2011年	2014年	2020年
（1）约束关税细目（% of 总关税细目）	71.60	72.10	73.70	73.60		76.3
（2）简单平均关税税率	17.00	14.70	11.00	11.20	13.00	14.5
WTO 农产品	33.10	25.70	25.00	26.50	31.60	32.7
WTO 非农产品	14.70	13.00	8.80	9.00	10.10	11.8

资料来源：Thailand Trade Policy Overview，WTO（2003年、2012年、2015年、2021年）。

三、贸易自由化进程中国内税制改革

贸易自由化对政府支出以及宏观经济的影响，使得泰国政府不得不考虑贸易自由化对政府财政收入的问题。致使泰国政府进行税制改革，一方面为了增加财政收入；另一方面为了适应新形势发展的需要。

第一，国内增值税改革。1992年泰国征收商业税，之后增值税取代了这项税种成为泰国一大间接税税种。增值税起征点为年营业额120万泰铢，纳税对象包括企业与个人。课税对象包括商品交易和各种形式的财产交易，包括用于交易、自有或者其他目的的有形财产与无形财产。

第二，国内直接税改革方面以个人所得税改革为主。提高纳税人在税前所得的扣除额，具体体现在：（1）受雇、服务或版权收入最高可以抵扣40%，但抵扣最高额度不得超过6万泰铢，其他行业最高可抵扣额度在10%～85%。（2）抵扣额范围为：纳税人及其配偶额度各为3万泰铢；其子女教育费的抵扣额度为1.5万泰铢/人，最多限3个子女；另外，赡养老人可抵扣1万泰铢。（3）其他应缴税款的抵扣额度如下：利息、股利出售证券的利得为40%，但不超过6万泰铢；租金收入根据房地产种类而定比例在10%～30%；对于专业服务费提扣额度的规定如下：医疗业为60%，其他行业为30%；劳务承包费为70%；其他商业活动根据具体行业情况而定，但范围在65%～85%。此外，对纳税人进行了具体界定，并从2004年开始纳税人的免征额调整为10万泰铢。之后税制基本没有发生太大的调整。

第三，在金融危机暴发后，泰国税制进行了调整并于2013年7月30日颁布新的税率，此次税改的主要目的是刺激国内消费。具体内容如下：针对企业所得税，对应税收入不超过120万泰铢的企业免征所得税，实收资本不超过500万泰铢的企业净利润中的15万泰铢可免征企业所得税。针对个人所得税，将起征额从年收入10万泰铢提高到15万泰铢。另外，还将个人保险费用减免额提高到10万泰铢、退休养老基金减免额提高到50万泰铢、有残疾父母或儿童的家庭其个税可减免3万泰铢。之后在2013年针对个人所得税再次进行大的调整，调整范围见表6－3。此次税改的目的主要是为了刺激内需，同时为了吸引外商投资的进入。可以看出，泰国政府进行税改的另一目的在于将税收政策作为产业政策的重要辅助工具，通过税收优惠支持优先发展产业，在全球化的发展浪潮中培养国内优势产业。

表6－3　　泰国个人所得税调整（2013年7月30日）

净收入（USD）*	个人所得税税率（%）	
	Old rates	New rates
5 000～10 000	10.00	5.00
10 001～16 700	10.00	10.00
16 701～25 000	20.00	15.00
25 001～33 000	20.00	20.00
33 001～66 700	30.00	25.00
66 701～133 000	30.00	30.00
133 001 up	37.00	35.00

*说明：此处使用的汇率换算为：泰铢/美元＝30。

资料来源：Kongrith，Kusuma. Essays on Taxation and International Trade. The Claremont Graduate University. 2014.

四、贸易自由化对泰国贸易规模的影响

泰国经济发展很大程度上得益于对外贸易的扩大，分析泰国贸易政策变化过程中进口与出口的变化如图6－7与图6－8所示：泰国贸易总体上是上升趋势的。

第一，在实行自由贸易降低关税之前的20世纪60—80年代，贸易水平基本变化不大。1960年泰国进口在GDP占比为17.42%，出口占比为16.14%。

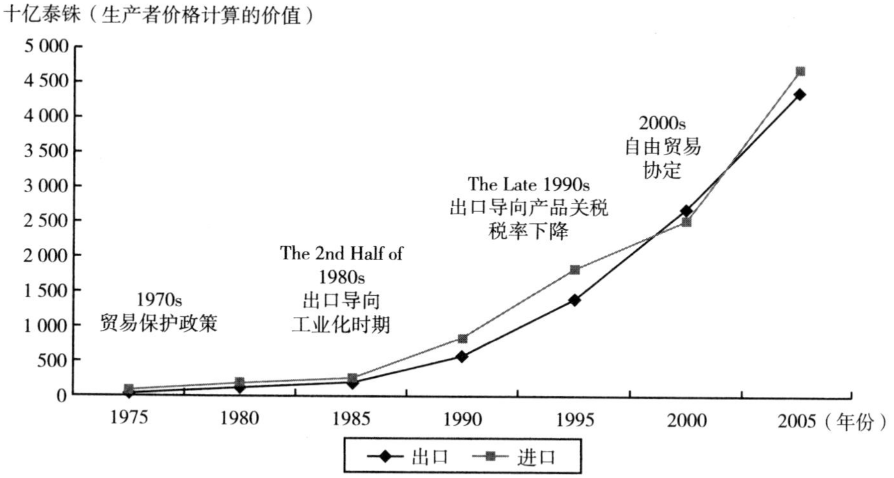

图 6－7　1975—2005 年泰国贸易及其政策变化情况

资料来源：Kongrith，Kusuma. Essays on Taxation and International Trade. The Claremont Graduate University. 2014.

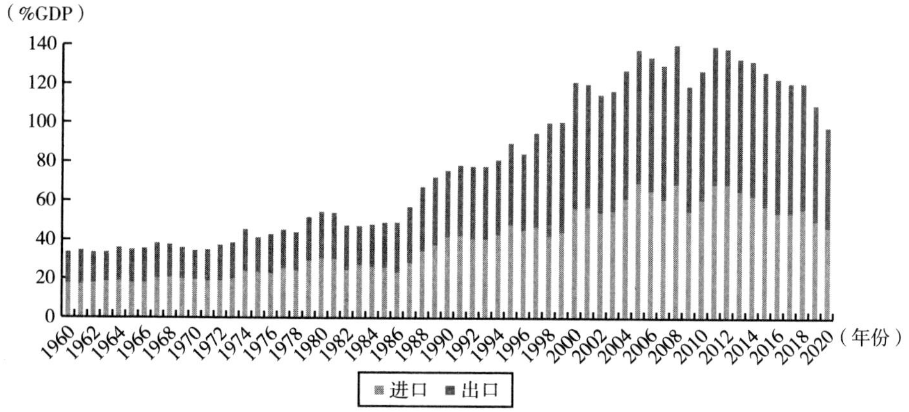

图 6－8　1960—2020 年泰国对外贸易情况

资料来源：WDI 数据库。

可见在 GDP 的占比较低。到 1970 年进口占比 19.38%，出口占比 15.02%。这 10 年间贸易发展水平并无太大变化。到 1980 年贸易总量占 GDP 比重为 54.48%，其中进口占比为 30.37%，出口占比为 24.11%。泰国政府 1977 年鼓励出口的政策有所成效，但是贸易量绝对值仍然变化不太大。

第二，直到 1985 年，贸易自由化开始推进的过程中，泰国贸易水平迅速增加，进口贸易额高于出口贸易额，到 1995 年贸易占 GDP 的比重高达 89.76%，其中进口占比48.22%，出口占比41.53%，相比1960年翻了近5倍。

第三，20世纪90年代开始泰国对外贸易迅速上升，尤其是在90年代后期贸易自由化推进势头中，进出口贸易额迅猛增长，一度出现出口贸易超过进口贸易的状况。甚至在1998年泰国对外贸易占比GDP超过了100%。2000年该比例达到121.3%，甚至在2008年达到峰值140.44%。

第四，进入21世纪后泰国贸易量占比始终保持在100%以上，增长迅猛。出口贸易增长更甚，1997年出口贸易占比超过进口贸易，达到48.24%，此后基本保持领先水平。到2008年，出口贸易占GDP的比重达到峰值71.42%，到2020年降至51.46%。泰国政府在贸易开放的进程中，减免关税，降低贸易壁垒，对本国对外贸易取得了良好的成绩。

五、贸易自由化对泰国财政的影响

首先，分析在贸易自由化进程中泰国总税收收入的变化情况（见图6-9）。1972—2018年，泰国政府总税收收入呈现出波动上升趋势。1972年，总税收收入占GDP的比重为11.04%，此后的8年时间，该比例维持在11%上下波动。之后呈现上升趋势，20世纪80年代总税收收入占比年均比例为14.16%。直到1989年总税收收入占比增长较快，1991年总税收收入占比为17.41%，达到历年来的峰值。随着1997年亚洲金融危机的暴发，泰国总税收收入迅速下降，1998年总税收收入下降为13.79%，1999年该比例为12.89%。之后才开始有所回升，2008—2018的10年间，总税收收入占比保持在15%上下波动。泰国贸易自由化进程总体上是促进了税收收入，但是税收收入增幅不太大。

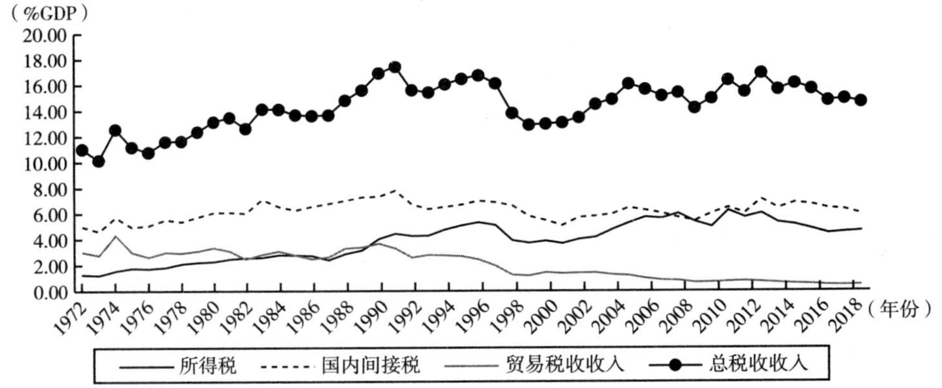

图6-9　1972—2018年泰国财政收支情况

资料来源：WDI数据库。

其次，从泰国贸易税收收入角度来看，1972 年贸易税收收入占比为 3.03%。此后的 20 年时间里基本维持在 3% 左右，变化不大，期间最高值为 1974 年的 4.32%，最低值为 1982 年的 2.47%，与这期间贸易量波动情况类似。然而在 1990 年以后，泰国走向贸易自由，降低关税税率，提高进出口贸易量，随之带来的是贸易税收收入的下降，1997 年贸易税收收入占 GDP 比不足 2%。到 1999 年贸易税收收入占比仅为 1.18%。尤其在进入 2000 年后，贸易量激增，但贸易税收收入下降迅速。到 2006 年贸易税收收入占比仅为 0.97%，在总税收收入的比重不足 1%，仅为 6.2%。此后贸易税收收入占比一直低于 1%，2018 年该比例仅为 0.44%，在总税收收入中占比仅为 2.93%。而 1972 年总税收收入中有 27.42% 可以由贸易税收收入解释。尽管贸易税收收入在总税收收入中比重不大，但随着贸易开放程度的加深，贸易税收收入越来越低。

最后，分析泰国国内税收收入的变化。整体上看，国内间接税收入波动并不大，并没有随着贸易开放而发生显著变化。1972 年泰国间接税占 GDP 比重为 4.98%，在总税收收入中占比为 45.11%。到 1991 年，间接税占 GDP 比重为 7.80%，增长了 1.56 倍，达到了历年的最高值。到 2001 年，间接税占 GDP 比重为 5.06%，是进入 21 世纪后的最低值。可以看出，间接税收入并没有发生太大的变化。贸易自由化的进程并不会显著地影响泰国间接税收入。另一方面，通过泰国直接税（所得税）收入的走势图来看，所得税收入呈现上升趋势，而且在总税收收入中占比越来越高。1972 年直接税占 GDP 比重仅为 1.27%，占总税收收入比重为 11.54%。到 1992 年直接税占 GDP 比重上升为 4.26%，20 年间上涨了 3.34 倍。泰国政府进行税改以后，直接税收入占 GDP 比增加，1997 年该比例上升为 5.09%，同年在税收收入中占比达到了 31.63%。受到 1997 年亚洲金融危机的影响，直接税收入有所下降，1998 年直接税占比下降为 3.91%，直到进入 2000 年以后开始回升。到 2011 年达到峰值 6.22%。可以看出，泰国贸易自由化的进程中，贸易税收收入的减少转而由国内直接税收入进行弥补，导致总税收收入上升。

六、经验小结

泰国是亚洲国家中较早推行贸易自由化的国家之一，尽管在贸易自由化开启之前，泰国国内仍然存在一些问题且趋于严重化，尤其是收入分配不均现象严重。泰国贸易开放后，经济高速发展。20 世纪 60 年代泰国开始实行以出口为导向的发展战略，之后向进口替代战略过渡。泰国税收政策上主要表现为降低出口税。到20世纪末期，贸易自由化进程加大，政府干预减少，放松管制，并逐渐向自由化的经济发展政策发展。进入21世纪后，泰国对外贸易政策转变为自由开放型，与他国进行自由贸易谈判，积极参与到全球化的浪潮。同时，配合着税收政策改革，税制体系被认为是可以缩小收入差距的重要手段之一，泰国的税制体系是累退性质，间接税占政府收入超过一半。然而间接税收入比重过大而非所得税收入会恶化泰国的收入不均现象。泰国贸易政策的变化导致关税税率下降，进而降低间接税收入比重。

第四节　加纳贸易自由化的提出与成功

加纳共和国是非洲国家中较为稳定与发达的国家之一，因盛产黄金，在1957年独立前被称为“黄金海岸”。黄金、可可和木材三大传统出口产品是加纳的经济支柱。其中，加纳是世界上最大的可可生产国和出口国之一。根据世界银行划分，将加纳划分为中低收入发展中国家，加纳政府在20世纪80年代开始进行贸易与税收相关政策的改革，使其经济复苏并得以发展。

一、加纳独立后的背景

1957年，加纳宣布独立，独立后第一任总统克瓦米·恩克鲁玛就开始以社会主义为原则谋划经济转型发展。加纳政府公共部门规模逐步扩大，且对外部依赖性也相应减少。州政府担任投资角色，在农业、医疗、教育以及可能发展成为进口替代产业上进行大量投资（Roe和Schneider，1992）。然而，政府支出与可利用资源之间存在根本性的不平衡。这导致了加纳政府财政赤字，此时政府选择扩大货币供应量来解决此问题，最终引发高的通货膨胀。通胀引发本币贬值，从而影响了出口。支持进口的外汇需求增大，只能靠消耗加纳的外汇储备来维持。久而久之，外汇储备消耗殆尽，对外负债积累。最后，政府不得不对外汇进行定量供给并对进口进行数量限制。进口的减少导致食物、资本品与消费品的短缺。同样，中间品的缺乏，降低了私人投资，同时使国内基础设施建设逐渐恶化。货物以及外汇的不足导致地下经济的发展以及腐败的盛行。加纳国受过良好教育的公民开始移民其他国家以寻求更好的生活。这些因素加上政治的不确定性①导致加纳经济衰退与政府收入降低。政府财政收入减少导致政府支出不足，进一步又恶化经济，加纳经济经过长时间的滑坡，已经处于极度贫困的状态。

这种情况持续到1981年，罗林斯发动政变。上台后尝试继续用独立自主政策控制腐败以改善收入分配状况。然而，由于外汇短缺、进口不足、基础设施匮乏等原因，加纳经济并未复苏。更可怕的是1981—1983年国内干旱导致可可产量不足，外遇世界可可价格大幅度下降，使出口利益受损，政府收入大大减少。1975—1983年，加纳本国最低实际工资下降86%，非熟练工人比例加大，婴儿死亡率提高并普遍地存在营养不良现象。而且当时约有100万加纳人民被驱逐出尼日利亚，导致政府面临着这部分人群的安置等问题，加重政府支出，加纳国内情况愈加恶化，国内经济几近崩溃。在这种背景下，1983年4月，加纳政府提出经济改革计划，这一计划是依照国际货币基金组织和世界银行设计的模式提出的。起初，采用短期维持稳定措施以应对眼前的危机，之后再逐步深入，进行结构改革。经济改革的成功使得加纳的经济慢慢好转。

二、1983年经济改革计划中贸易与税收部分

加纳经济改革尝试使用财政政策与货币政策复苏国内经济以及社会基础设施建设。该改革计划的核心在于增加市场的自我发挥作用。也就是减少政府控制，鼓励经济生产和出口等活动以刺激经济增长。此后加纳开启了贸易自由化的进程，这阶段主要的改革措施如下：

第一，逐步废除进口数量限制以及进口许可证。

第二，统一的30%关税税率替代了1983年的关税体系。并在1986年将关税税率重新划分为四档。之后为了减少关税税率的分散性，1994年财政预算方案将四档关税税率减少至三档，为0、10%、25%。此外，对进口产品开征销售税，税率为0、15%和35%。1998年，将税率为0的关税改为征收5%。另外，对于一些特殊进口品免征税收。

第三，1987年，免除主要产品（木材、黄金、钻石、铝土矿等）出口关税。降低可可出口关税税率。

第四，1983年开启了四个阶段的汇率改革。第一阶段，将本国货币赛地进行贬值处理以修正当前货币的高估。第二阶段，新建外汇拍卖市场使得汇率

① 加纳政府在1972年到1979年6月期间共换届三次。

能够由市场自由决定。第三阶段，外汇买卖办事处合法化以形成外汇平行市场。第四阶段，统一汇率制度且货币能够完全配合经常账户交易所需。

除了上述措施以外，加纳政府也对税制进行改革，简化当前税制体系，降低有效税率，提高税收征管效率。具体表现在：

国内直接税方面：逐步降低企业所得税，到 1991 年由原先的 55% 变成 35% 的基础税率。下调资本利得税 5%，红利所得税由原先的 30% 也减少至 15%；个人所得税最高边际税率由原先的 55% 降低至 35%，个税税收等级进行划分，提高了个人津贴收入的免征额。

国内间接税方面：除食品外，国内销售以及进口征收 10% 的增值税，出口的货物或服务免征增值税。对于酒加征消费税。除了征收 10% 的增值税外，对于烟草还征收 170% 的消费税；瓶装酒除了征收 10% 的增值税外，还征收 65% 的消费税。成品油征收 15% 的消费税；对于奢侈品除了征收 10% 的增值税外，还额外加征 25% 的消费税。此外，加纳政府加强税收征管能力，严惩贪污腐败的税务官员，同时对于能够在合法范围内多征收税收的官员进行奖励等。

三、1995 年入世后的贸易自由化进程

1995 年，加纳加入世界贸易组织后调整关税结构，并在贸易自由化进程中取得了很大的成果，刺激了经济的发展。2000—2012 年被标志为加纳进口关税的结构性调整时期。2000 年初，加纳简单加权平均关税税率下降到 13% 左右，对于消费品的最高关税税率档也下降至 20%。然而，在 2000 年 2 月，关税平均税率却开始上升至 14. 7%，20% 这一档关税税率被重新引入，结果导致大多数消费品关税税率增加至 40%。加纳的关税结构为 5%、10%、20% 以及 40%。这一关税结构在某些制造业中产生了内置型关税升级，尤其是在纺织业、皮革、化学品、主要工业有色金属、食品、饮品和烟草行业中。同时，消除进口 10 年以上摩托车的非关税壁垒。2001 年 1 月，库福尔正式当选加纳新任总统，这是加纳独立后首次政权的平稳过渡，可以看出当时加纳国内经济的稳定。新任总统上位后，进一步推行自由开放的对外经济政策，努力实现经济多元化，同时加强基础设施、农业建设与卫生、教育等方面的社会服务。

2005 年，加纳政府发布贸易部门草案（TSSP）建立进口产业的有效保护税率。这个阶段也被看作是加纳完全采纳西非经济共同体条约“ECOWAS 条约”。[①]

① 1975 年，15 个西非国家签订了《西非经济共同体条约》，取代了 1959 年成立的“西非关税同盟”。

加纳独立后，已经成为国际组织成员之一。加纳加入了 WTO、西非经济共同体、非洲联盟，签订了双边协议。其中加纳与欧盟国家签订了经济伙伴关系协定，于 2014 年 10 月生效。加纳成功地通过调整进口关税税率开放经济与贸易。在国际组织约束状态下，加纳减免超过 90% 产品关税税率，除了金属矿物、木材、纸张、纺织品、运输产品线外，最惠国待遇适用税率中最高关税税率为 20%[①]。21 世纪后，加纳保持稳定的贸易政策，继续鼓励进口产品或服务以满足国内需求。

四、贸易自由化对加纳经济的影响

从加纳贸易改革的时间以及关税政策调整的幅度来看，1983 年改革之前，加纳贸易出现显著下降趋势，尤其是出口。分析加纳贸易情况（见图 6 - 10）可见，1972 年出口贸易占比 20. 71% 到 1982 年该比例下降到 3. 34%，下滑了 6 倍之多。贸易总额占比从 1972 年的 35. 91% 下降到 1982 年的 6. 32%。可见，国际贸易规模下滑迅速，急需改变这种情况，取得发展。

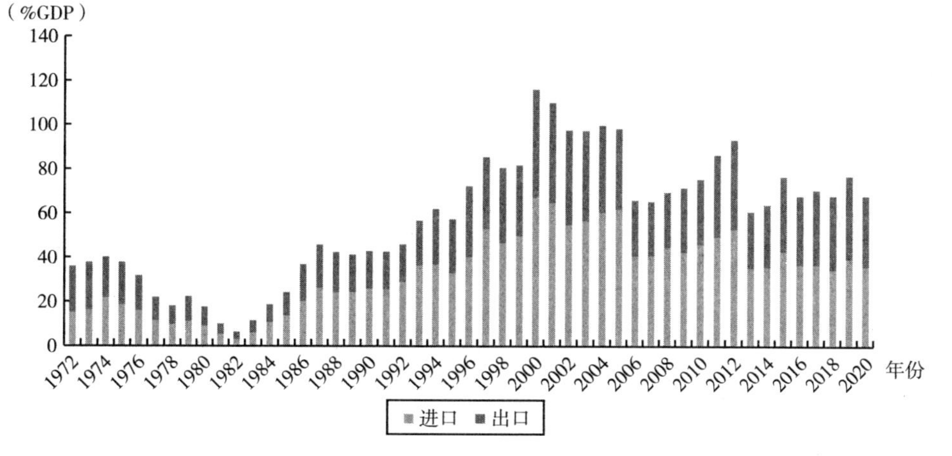

图 6 - 10　1972—2020 年加纳对外贸易情况

资料来源：WDI 数据库。

这种情况得以改变是在 1983 年加纳实行经济改革计划后，对外贸易活动才开始逐渐恢复。贸易总额占比从 1983 年的 11. 55% 上升至加纳入世当年 1995 年的 57. 42%，上涨了近 5 倍，并达到了 1982 年的 9 倍。其中进口上升较

① World Trade Organization (2014). Trade policy review of Ghana. *https://www. wto. org.*

快，1983 年进口占 GDP 比重为 5.99%，到 1995 年进口占比上升至 32.93%，是 1982 年的 11.04 倍。出口占 GDP 的比重 1995 年达到 24.5%，是 1982 年的 7.34 倍。到 2000 年，贸易量达到新高，进出口贸易总额占比高达 116.05%，其中进口占比 67.25%，出口占比 48.80%。之后贸易量有所下滑，到 2007 年下滑较大，进出口贸易占比下降为 65.35%，其中进口占比下降至 40.83%，出口占比下滑至 24.53%。这很有可能是受到 2008 年全球金融危机的影响。但之后加纳贸易量又逐渐上升，截至 2016 年底，加纳进口贸易占 GDP 的比重为 47.86%，出口贸易占 GDP 的比重为 40.74%，总贸易额占 GDP 的比重为 88.60%。进入 21 世纪，加纳贸易量占比年均为 88.46%。20 世纪 90 年代总贸易额年均占比为 62.72%，而 70 年代与 80 年代该值分别为 30.74% 与 15.45%。加纳经济改革对本国国际贸易的影响较大。贸易开放很大程度地刺激了对外贸易规模的扩大以及贸易活动的活跃。

分析加纳各项税收收入的变化（见图 6－11），首先从加纳总税收收入的角度分析，在 1983 年以前，加纳税收收入出现下降趋势，尽管有部分年份出现回升，但整体趋势下滑，1972 年总税收收入占 GDP 的比重为 13.11%，到 1982 年该比率下降到 4.84%，税收收入减少很多。1983 年税改以后，随着贸易开放，税率下降，税基扩大，总税收收入开始迅速增加，到 1986 年该比率回升至 12.09%，相比 1982 年上升了 7.52%。随后税收收入增速放缓，20 世

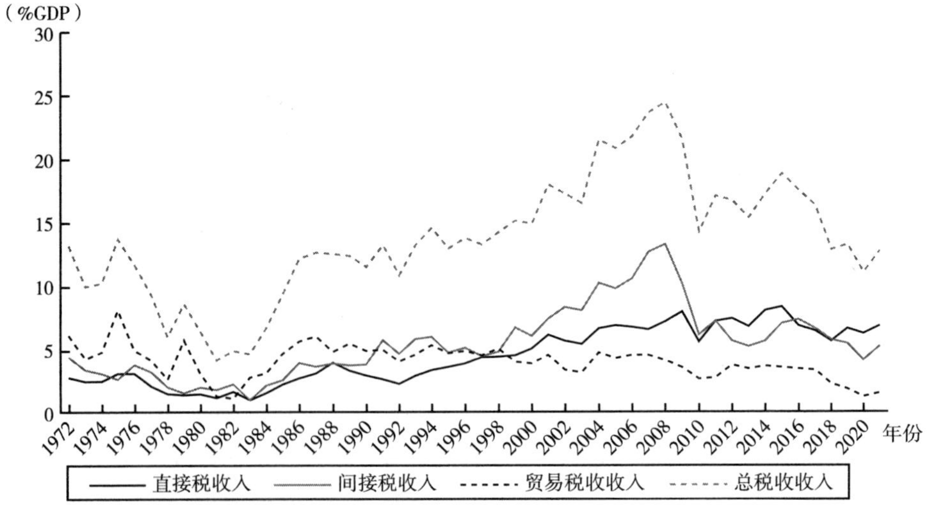

图 6－11　1972—2020 年加纳政府税收收入情况

资料来源：加纳财政部网站。

纪 90 年代该比率基本维持在 12% 左右。直到进入 21 世纪，总税收收入又开始迅速增加，到 2008 年达到峰值 24.4%。但受到 2008 年国际金融危机的影响，下降迅速，到 2010 年下滑为 14.2%。之后才逐渐回升，到 2015 年总税收收入占 GDP 比重为 18.8%。此后开始下降，受新冠肺炎疫情和全球经济衰退的影响，该比率 2020 年达到新低 11%。

其次，分析贸易税收收入。1983 年税改前，贸易税收收入变化趋势与总税收收入十分相似，且贸易税收收入占总税收收入比重几乎达到一半，尤其是在 1979 年该比重高达 66%。足以见得在贸易自由化之前，加纳政府税收收入主要依赖贸易税收收入。1983 年经济改革后，尽管关税税率下降，但是由于进口贸易增加迅猛，导致贸易税收收入有所上升，由 1983 年的 2.71% 上升至 1989 年的 5.4%。随后的 90 年代贸易税收收入虽有波动但是变化不大。直到进入 21 世纪，贸易税收收入占比表现出下降趋势，可以看出此时总税收收入对贸易税收收入的依赖性下降很多。90 年代贸易税收收入占比年均为 4.64%，而到 21 世纪该比率为 3.90%，2010 年后该比率下降到 3.37%，此后一直是下降状态。2021 年该值下降为 1.5%。

然后，分析加纳国内税收收入：一方面，从直接税收入分析，包括个人所得税与企业所得税。整体而言变化并不太大，1972 年国内直接税占 GDP 的比重为 2.71%，而到 2021 年该比率为 6.8%，这 40 多年来，直接税收入上升了 2.51 倍。在加纳税改之前，直接税收入是呈现下降趋势，1983 年直接税占 GDP 的比重达到最低值仅为 0.94%。之后开始回升，但升幅并不是很大，到 1999 年该比率为 4.48%。20 世纪 90 年代直接税收入占比年均为 3.43%，而到 2000 年以后该比率年均值为 6.77%。加纳政府经济改革后，直接税在总税收收入中的比重开始增加，但是直接税收入绝对值涨幅不太大。另一方面，加纳国内间接税包括增值税、消费税、服务税等。从整体趋势图可以看出，1983 年改革后，国内间接税收入变化趋势与总税收收入类似。间接税收入增长较快，1983 年之前，间接税收入表现出轻微下降的特征，1972 年间接税收入占 GDP 的比重为 4.33%，到 1983 年该比率达到最低值为 0.94%。之后开始上升，1990 年与 1999 年，间接税占比分别为 3.73% 与 6.65%。到 2000 年后间接税收入占比增加，2008 年达到峰值 13.21%，之后有所下降，到 2021 年，间接税收入占比为 5.2%。随着贸易开放，加纳政府税收收入由依赖贸易税收收入成功地过渡到依赖国内间接税与直接税收入。

五、经验小结

加纳国内三大支柱性产业可可、黄金与木材的出口对其经济改革计划的成功起到了十分重要的作用。又赶上这些产品国际市场行情较好，加纳从世界银行和国际货币基金组织得到的援助远比其他非洲国家多。加纳经济改革计划的目的之一是形成良好的价格机制并恢复财政金融秩序。到 1991 年该计划结束时，加纳的经济状况已取得显著的改善。该项计划为加纳经济复苏奠定了基础，使其在曲折中稳步增长。在贸易自由化过程中，加纳外部风险较大，经济受到国际形势的外部冲击影响出现波动。因而新任政权以稳定与经济发展为工作重点，加强宏观调控，继续推进贸易自由化，使得加纳经济状况逐渐好转，一跃成为西亚地区经济发展的领头羊。

尽管加纳经济复苏，这种模式仍存在一些问题。加纳贸易自由化政策的目的是促使当地企业提高生产效率，但由于资金并不能持续性跟上，以及技术的落后，通常是不足以在国际市场上展开竞争的。世界银行与国际货币基金组织的改革模式通常只是有助于实现短期目标，对于非洲国家消除贫困并改善生产力低下的状态并没有起到长久的作用。因为这种改革常常要求开源节流，政府公共支出也会相应地压缩减少，而这又会使原本就落后的医疗卫生和教育进一步受到冲击。加纳贸易自由化过程中仍然面临诸如资金匮乏、高失业率、经济脆弱等方面的艰巨挑战，具体表现为：对外部资金的依赖过高；出口产品结构优化和升级方面进展缓慢，以至于经济发展容易受到国际初级产品价格波动的影响；人口增长较快导致就业压力较大，尽管可可一直是加纳经济发展的支柱产业，但其他产业发展缓慢。

第五节　做法启示

本章主要分析美国、印度、泰国及加纳在贸易开放过程中贸易与税收政策的调整，总结这些国家贸易自由化成功与失败的经验教训，为我国扩大贸易开放的税收政策提供借鉴。

第一，经济新常态下我国对外贸易政策调整思路。在我国对外贸易税收政策中关税是核心部分，随着我国完成入世承诺降低关税以来，关税名义税率长期维持在 9.8% 不变。尽管在 2018 年末进行了进一步的下调，到 2021 年关税名义税率为7.4%。但这一名义水平相比WTO成员平均水平（6%）仍然偏高，因而存在些许结构性下降的空间。关税税率的下降，会促进进口贸易的增长，刺激国内经济活动，税基会增大，关税的财政收入效应并不会发生显著的负面影响。此外，我国关税实际征收率仍然偏低，这也会抑制关税收入。因而经济新常态下我国大力推进名义税率与实际税率之间差距的缩小，建立高效的关税制度，充分发挥关税对国际贸易的调节功能，促进对外贸易稳定发展。

第二，配套国内税收政策，促进对外贸易稳定发展。如美国、印度、泰国等国在贸易自由化进程中，以直接税税制改革为主、间接税改革为辅的税制改革使其财政收入相对稳定。美国与泰国是以调整个人所得税为主进行税制改革；加纳政府同时对国内间接税进行了大范围的调整，因而加纳政府贸易自由化进程中国内间接税收入增长较快。在税制结构的调整过程中，一方面所得税以降低边际税率或提高税前所得扣除额为主要改革内容；另一方面，国内间接税的调整以扩大征税范围为主提高间接税税率为辅的改革方向。这些都能确保在贸易开放程度加深后关税下降给财政收入带来的负面影响由国内税收收入进行弥补。而在我国的税收收入中间接税占比较大，因而可以对国内直接税进行调整，刺激所得税收入占比的提高，确保财政收入的稳定。

第三，无论是在发达国家还是在一些发展中国家，非关税壁垒中“两反一保”措施经常被采用，如美国的反倾销法及保障措施制度规定较为详细。这些非关税壁垒尽管对自由贸易产生很大的负面影响，但是为应对，我国在这些方面的政策急需进一步完善，认真研究和运用WTO规则下的贸易救济手段，参考完善反倾销等特殊关税手段的运用。同时，提高贸易便利化程度，尤其是在通关环节，这在一定程度上甚至会比降低关税税率对我国进出口贸易的影响效果更佳。

第七章　高水平贸易开放的宏观政策组合

在全球化进程受到非议的时候，中国始终支持自由贸易，维护经济全球化。在推动高水平贸易开放的进程中税收政策的调整需要维持市场内部平衡，内部平衡不仅取决于本国经济周期和宏观经济政策，还取决于外部环境。在封闭经济体中，内外部经济无甚联系，因此只要实现了内部均衡就可以实现整个经济体的均衡。而在一个开放体中，受外部冲击的影响较大，劳动力与要素可以自由流动，因而我国税收政策与其他宏观调控政策协调配合能够在推动贸易开放、保持经济可持续增长的基础上促进收入公平分配并保障就业，从而改善社会福利。

第一节　税收政策与支出政策的组合

一国贸易开放会对财政收入产生影响，同时也会给财政支出带来影响。同样地，政府的支出规模又会反过来影响贸易开放程度。一方面，由于受到财政预算的约束，政府支出会受到收入的影响；另一方面，贸易开放给国内经济带来的影响与冲击要求政府运用财政政策进行调整。

一、效率假说与补偿假说

学者们对于财政支出与自由贸易之间的影响研究有很多，形成了两种主要的理论假说，即效率假说与补偿假说。在研究综述部分，发现许多学者就这两种理论假说进行了研究与分析，有支持与反对的观点，还有研究提出了不同于这两种假说的观点。

（一）补偿假说

贸易自由化使各国经济联系紧密，长期而言，生产与投资的高效分配将会使得社会中所有部门获益。但是在短期，贸易自由化的政治经济效果却不同。首先，市场扩大会带来两种效果，分别是增加居民对福利国家的支持以及增加收入不平等与经济的不稳定性。例如，在 OECD 国家贸易模式相对稳定，贸易自由化所带来的不公平问题要比不稳定性明显得多（Rodrik，1997）。另外，根据 H－O 理论，贸易的扩大会增加对资本密集型产品需求而降低对相对稀缺要素产品（劳动）的需求（Wood，1994）。大多数经济学家都认同贸易的扩大并不是导致美国收入不公以及 20 世纪末期欧洲高失业率的唯一原因，但是贸易规模的扩大对 OECD 国家劳动市场无疑带来了显著的负面影响（Freeman，1995）。然后，再分析跨国化生产，有可能在 OECD 国家贸易自由化会增加经济的不稳定性要多于对收入不均的影响。例如，跨国公司根据利润最大化原则选择在一国建设生产线，会增加对该国国民的雇佣，这对提供生产建设服务的该国劳动者都有利。这样看来，跨国生产很有可能会降低收入不均现象。相反，如果跨国公司准备关闭该国工厂，搬迁到其他国家，这就会增加该国经济的不稳定性。最后，贸易自由化使得资本在全球范围内活动，增加了一国金融市场的不稳定性，同时还会加大收入差距。就金融市场而言，贸易自由化使得流动资金持有者以及在金融部门工作的居民获益，对于其他部门获益较少，从而加大收入差距。而这种不稳定性在严重的情况下甚至会爆发危机。

因而，贸易自由化的发展将会增加政府的支出规模，以调节收入分配不均以及防范市场不稳定性带来的风险，进而获得更多民众对于政府开放贸易的支持（Ruggie，1983）。收入差距扩大以及经济不安会增加民粹主义者以及贸易保护主义者等对政府进行施压。可以通过扩大政府支出以增加政府对福利国家的努力能减缓这些压力，从而赢来更多人对贸易开放的支持。

综上所述，根据补偿假说，随着贸易开放，政府支出规模将会扩大。一方面，贸易自由化使得各国经济交流更加紧密，由此带来的不同阶层的收入不公问题愈发突出，贸易开放的受益者以及受损者之间的矛盾加剧，这些需要政府进行调节。另一方面，贸易开放使得国家对外风险增加，他国经济危机容易波及自身，不可控的因素也增加，这些也都需要政府进行预防与解决。在短期，随着贸易开放，采用积极财政支出政策（如扩大福利支出，进行失业再就业培训以及医疗保险等），以建立健全社会保障体系，为贸易开放过程中利益受损者进行收入再分配，改善收入不公的现象。

（二）效率假说

从长远的角度看，福利国家带来的稳定性将会对投资、生产、经济增长以及竞争力带来直接益处（Alesina 和 Perotti，1996；Garrett，1998a）。效率假说认为，贸易开放加深会使得政府降低财政支出，从而减少对市场的干预，提高市场的经济效率。对于贸易自由化发展的传统观点都认为其所带来的影响包括两个主要方面，增加国际货物与服务贸易的竞争；使得资本能够在全球范围内流动以寻求高额的回报率。贸易与社会福利中居民收入分配状况之间的关系，以及政府运用财政支出政策调节收入分配，这之间的因果关系或者相互影响关系较为复杂。全球化的发展加剧了国际货物与服务市场的竞争，同时增加厂商在全球范围内调度资本进行分配生产的便利性，以实现更高的资本回报率。根据效率假说，贸易与福利国家是一种零和关系。许多学者都认为福利国家并不具有竞争性（Pfaller，1991；Pierson，1991）。在这些国家并没有公共服务提供的私人市场。政府的转移支付扭曲了劳动力市场且影响跨期投资决定。而且政府支出需要被资助，这些资助大多来自于短期借款，最终将由高税收来偿还。

一国考虑贸易自由化无论是出于贸易带来的规模经济，还是在交通及信息上带来外部创新都没有太大关系。贸易与国家收入再分配能力是一种相反的关系，其表现在两个方面：公共部门经济的萎缩以及税收负担从累进型税收（如资本所得税）转向累退型税收（如高税率的消费税与工薪所得税）中。跨国公司在全球范围内寻求较高利润率进而将生产部门在国家之间进行转移。对于那些投资成本较高的大政府国家，厂商就能更加轻易地退出该国经济市场从而降低成本。在金融市场中，贸易商一天 24 小时不间断地工作在全球范围内进行套利套汇。潜移默化中，这些资本的流动是政策的裁定者，如果政策制定损害这些人群的利益，他们就能快速地将资本转移到对其有利的其他国家中。因而政府会充分考虑降低税率、减少政府支出规模，通过提高“效率”的方式去吸引国际要素投入。

（三）其他观点

有关贸易开放与政府支出之间关系的其他观点以 U 形假说为主，其核心论点为贸易开放与政府支出之间的关系受到以上两种机制的共同作用。在贸易开放初期，补偿假说占据主导作用，此时一国与世界经济交流尚浅，开放程度也较低，开放初期的不稳定因素较多，因而政府支出会扩大，以减少开放对本国产业及经济带来的风险冲击以及消极影响。为提高本国产品国际竞争力，在加大产业补贴力度的同时增加政府消费、医疗保险以及培训就业等的支出与补贴，以缩小各阶层收入的差距。随着贸易开放的深入，效率假说会超过补偿假说占据主导地位。随着对外开放水平的提高，与世界联系更加密切，世界经济趋向一体化发展。此时，政府如果还是进行过多地干预将会降低市场效率，最后降低本国产品的国际竞争力。因而随着贸易自由化的深入发展，政府应逐渐降低支出，减少干预与管制，提高市场活力以及效率，促进本国经济的发展。因而U形关系假说认为贸易开放与政府支出并不是单一的正反向关系，而是由效率假说与补偿假说共同作用，只是在贸易自由化发展的不同阶段所处的主导地位不同而已。

本节支持U形假说，认为在贸易自由化进程初期，由于外来风险迅速增加，以及国内仍存在许多反对声音时，政府应该扩大支出以缓冲贸易自由化所带来的负面影响，如收入差距扩大以及经济不稳定性增加等。尤其是在发展中国家，国内经济体制的不完善以及政治不稳定性等，政府有必要进行干预与调节。之后，随着贸易自由化的加深，给经济所带来的益处逐渐体现，国内反对言论变少，此时就可以逐渐减少政府支出以发挥市场自主性，提高经济效率。通过对发展中国家数据进行实证分析，以验证贸易开放与财政支出的关系，故研究提出假设：

假设：贸易自由化初期，财政支出规模将增加；随着贸易开放的加深，财政支出规模将随之减少。

二、贸易开放与政府支出的U形关系

（一）模型的构建及方法

由于贸易开放给一国经济带来的不稳定性因素太多，而且在实证指标上的选取较为困难。故本节以贸易开放程度加深可能给一国经济带来负面影响中的一个重要指标为例进行实证分析，即居民的收入分配差距，其可用基尼系数（gini）进行衡量。

居民收入差距、贸易开放与政府规模之间关系非常复杂，很多因素都是相互影响、相互联系并互为因果的。单方程模型由于其自身的缺点很难展现出各经济变量之间的复杂关系，而联立方程能够更好地解决这一问题。本节借鉴钞小静、沈坤荣（2014）的做法，将贸易开放度、政府支出以及居民收入差距作为内生变量，构建完备的结构方程式模型以检验贸易开放对政府支出以及居民收入差距所产生的影响，基本计量方程设计如下：

$$gini_{it} = \alpha_0 + \alpha_1 tradeopen_{it} + \alpha_2 govexp_{i,t-1} + \alpha_3 govexp_{i,t-2} + \sum_{j=4}^{10} \alpha_j X_{j,it} + \mu_{ji} + \varepsilon_{jit} \tag{7-1}$$

$$tradeopen_{it} = \beta_0 + \beta_1 govexp_{it} + \beta_2 govexp_{i,t-1} + \beta_3 govexp_{i,t-2} + \sum_{k=4}^{9} \beta_k Y_{k,it} + \mu_{ki} + \varepsilon_{kit} \tag{7-2}$$

$$govexp_{it} = \gamma_0 + \gamma_1 tradeopen_{it} + \gamma_2 govexp_{i,t-1} + \gamma_3 govexp_{i,t-2} + \sum_{n=4}^{11} \gamma_n Z_{n,it} + \mu_{ni} + \varepsilon_{nit} \tag{7-3}$$

实证分析所运用的联立方程模型包括三个基本方程，其中（7－1）式为居民收入差距方程，分析贸易开放对居民收入差距的影响。政府支出往往是用作教育、医疗等公共物品上，这些并不会对当期的收入分配造成影响，但却会影响以后的收入分配。基于此，并参照胡文骏（2017）的做法，选择滞后一期与滞后两期的财政支出为该方程的解释变量。（7－2）式为贸易自由化的方程，主要研究财政支出对贸易开放的影响；（7－3）式为政府支出方程，研究贸易开放对政府规模的影响，也是本章研究的主方程。在模型中，下标 i 表示国家；t 表示年份；ε_{jit}、ε_{kit}、ε_{nit} 表示各个方程的随机误差项，服从独立同分布。

（二）指标的选取与说明

选用基尼系数作为收入分配差距的指标。贸易开放的指标选用外贸依存度，政府支出规模用财政支出占 GDP 比重测算，数据均来源于 WDI 数据库。

X 为方程（7－1）式的控制变量集合，参考张汉林与袁佳（2011）、胡文骏（2017）等做法，选取产业结构、城镇化率、资本流动、经济发展程度、教育程度、金融发展程度这些变量。其中产业结构选用两个指标衡量，包括工业人口就业比以及第三产业就业人口占比；资本流动用国际直接投资总额/国内生产总值予以度量；经济发展程度选用人均 GDP 增长率作为指标；用中等教育入学率作为教育程度的指标；金融发展程度选用国内信贷/GDP 比重为指标。X 控制变量集合一共有 7 个变量。

Y 为方程（7－2）式的控制变量集合，参考许雄奇等（2006）、顾国达与麻晔（2015）等做法，选取人口年龄结构、人口规模、城镇化率、资本流动、经济发展程度以及金融发展程度这些变量。其中，用 14 岁及以下、65 岁及以上人口占总人口比重代表人口年龄结构；人口密度代表人口规模。一共包括 6 个控制变量。

Z 为方程（7－3）式的控制变量集合，参考毛捷等（2011）、高翔与黄建忠（2016）等做法，选取产业结构、城镇化率、资本流动、经济发展程度、人口年龄结构、人口规模、研发投入这些变量。其中研发投入选取研发支出/GDP 比重作为指标，产业结构指标的选取同 X 控制变量的选取。Z 控制变量集合一共有 8 个变量。

（三）数据说明

实证分析所选用的样本为 97 个发展中国家和地区 1979—2016 年度面板数据，所不同的是由于加入基尼系数这一主要的被解释变量，同样根据世界银行人均国民收入对于不同经济体进行划分，本节将 97 个国家和地区同样分为四组：其中低收入发展中国家 12 个，中低收入发展中国家 34 个，中高收入发展中国家 38 个，高收入发展中国家 13 个。具体分组见上一章节表 7－1，基尼系数数据来源于 Standardized World Income Inequality Database（SWIID）数据库发布的 2017 年最新发布。其他变量数据均来自于 WTO 统计数据库。收集到的数据存在许多缺失值，因而由于在数据处理上为了尽量保持数据的完整性与样本的多样性，对于离群值采用缩尾处理；对于面板数据缺失值采用后项非缺漏值填补方式进行处理。各变量统计量如表 7－1 所示。

表 7－1　　97 个国家或地区样本的描述性统计量

variable	label	N	mean	sd	min	p50	max
gini	基尼系数	1 523	43.04	9.6	20.7	43	67.75
tradeopen	贸易开放	3 242	83.86	54.57	0.17	75.17	442.6
govexp	财政支出	2 982	14.82	6.51	0	13.58	76.22
employse	第三产业就业人口占比	3 674	49.39	16.98	10.5	50.25	85.2
employin	工业就业人口占比	3 674	19.44	8.9	2.8	19.1	59.5
urbanp	城镇化率	3 686	49.49	23.37	5.82	46.77	100
fdi	资本流动	3 686	3.47	6.29	－82.89	1.98	89.48
gdpcg	经济发展程度	3 369	2.02	6.58	－50.23	2.23	171.9

续表

variable	label	N	mean	sd	min	p50	max
edut	教育程度	3 686	19. 37	19. 21	0. 01	13. 43	94. 73
credit	金融发展程度	3 098	48. 19	37. 52	-79. 09	41. 65	284. 3
age	人口年龄结构	3 686	40. 5	7. 24	14. 13	40. 94	54. 37
density	人口规模	3 683	417. 3	1 929	1. 06	64. 05	21 399
rd	研发投入	3 620	0. 38	0. 38	0. 01	0. 28	2. 62

三、支出政策搭配变化

（一）贸易开放初期

根据联立方程模型识别的阶条件、秩条件可以判断出，该模型是过度识别的。本节选用三阶段最小二乘法 3SLS 对联立方程进行估计。由于 3SLS 的处理方法中，所有内生变量均可以通过工具变量进行参数估计，这在一定程度上解决了多重共线性和内生性的问题，从而增加了参数估计的可靠性与准确性。另外，根据一般实证分析处理的做法，选取所有外生变量的线性组合作为内生解释变量的工具变量进行模型估计。实证分析结果如表 7 -2 所示。

表 7 -2　　联立方程实证结果

变量	（1）收入分配方程	（2）贸易开放方程	（3）财政支出方程
tradeopen	0. 061 *** (0. 019)		0. 005 (0. 010)
govexp		-45. 970 ** (20. 084)	
l. govexp	-0. 036 (0. 145)	36. 719 ** (16. 114)	0. 803 *** (0. 025)
l2. govexp	-0. 340 ** (0. 150)	6. 031 *** (2. 209)	0. 088 *** (0. 030)
employse	0. 111 *** (0. 023)		0. 001 (0. 003)

续表

变量	（1）收入分配方程	（2）贸易开放方程	（3）财政支出方程
employin	-0.103*** (0.037)		-0.013** (0.006)
urbanp	0.024 (0.018)	-0.383*** (0.130)	-0.002 (0.003)
fdi	-0.271** (0.118)	4.842*** (0.463)	-0.017 (0.047)
gdpcg	0.121* (0.069)	-1.287** (0.544)	-0.011 (0.014)
edut	-0.074*** (0.018)		
credit	-0.002 (0.008)	0.180*** (0.063)	
age		-1.192*** (0.405)	-0.018* (0.011)
density		0.008*** (0.001)	-0.000 (0.000)
rd			0.090 (0.093)
Observations	1 176	1 176	1 176
R^2	0.071	-1.974	0.887
chi2	182.29	299.97	9 232.4
P	0.000	0.000	0.000

Robust standard errors in parentheses；***p<0.01，**p<0.05，*p<0.1。

从收入分配方程（1）可以看出，贸易开放的系数为0.061，而且显著为正。这说明随着发展中国家贸易开放加深，基尼系数将变大，也就是说贸易开放会显著恶化国内居民收入分配。后一期政府支出系数并不显著，而滞后两期政府支出系数为-0.34，显著为负，可以看出政府支出对居民收入进行了适当的调节。

从贸易开放方程（2）可以看出，govexp、l.govexp与l2.govexp系数都很显著，而当期政府支出系数为-45.97，显著为负，说明政府支出的扩大会对贸易开放程度产生明显的负面影响，也就意味着财政支出可以通过影响贸易开放的规模进而来改变贸易开放的收入分配作用。滞后期的财政支出系数显著为正，在一定程度上可以看出政府财政支出调节作用需要长期投入。

从财政支出方程（3）可以看出，贸易开放的系数为0.005，但并不显著。表明随着发展中国家贸易开放的加深，政府财政支出会增加，但是并不显著。滞后一期政府支出系数与滞后两期政府支出系数均显著为正，政府财政支出将会受到过去期的显著影响。贸易开放对于政府财政支出的影响作用有限。也可能是由于发展中国家贸易状况与国内经济、社会体制的不同导致财政支出方程实证分析结果不显著。

综上，所有样本估计结果得出，贸易开放扩大了居民收入分配差距，而政府会通过财政支出进行补偿，调节收入差距，改善收入分配状况。同时面临外部风险加大，进行稳定与调节预防。而且，政府会补偿贸易开放过程中所遭受损失的小部分群体，以换取他们对贸易自由化的支持。

（二）高水平开放期

发展中国家各国的经济状况不同，在同一个样本中并不能完全详尽地分析出贸易开放度、财政支出以及居民收入分配三者之间的关系。本节将97个发展中国家样本按收入水平分四组进行研究。其中低收入发展中国家11个，中低收入发展中国家32个，中高收入发展中国家38个，高收入发展中国家13个。对不同样本进行联立方程模型3SLS估计。

1. 低收入国家3SLS实证结果。低收入国家联立方程结果如表7-3所示：首先，收入分配方程实证结果得出，贸易开放的系数为-0.191，而且显著为负，与总样本回归结果符号相反。低收入发展中国家贸易开放将减小本国基尼系数，也就是说低收入国家贸易开放会显著改善国内居民收入分配。滞后一期政府支出系数与滞后两期政府支出系数均不显著，可以看出低收入国家的政府支出并不会对居民收入差距产生显著影响。其次，贸易开放方程实证结果得出，govexp与l. Govex系数都很显著，而当期政府支出系数为-23.852，显著为负，说明政府支出的扩大会对贸易开放程度产生明显的影响，也就意味着财政支出可以通过影响贸易开放的规模进而来改变贸易开放的收入分配作用。滞后期的财政支出系数显著为正，在一定程度上可以看出低收入发展中国家政府财政支出调节作用需要长期投入。最后，财政支出方程实证结果得出贸易开放的系数为0.009，但并不显著。表明随着低收入发展中国家贸易开放的加深，政府财政支出会增加，但是并不显著。滞后一期政府支出系数显著为正，政府财政支出将会受到过去期的显著影响。贸易开放对于低收入发展中国家政府财政支出的影响作用有限。

表7-3　　　低收入国家或地区联立方程实证结果

低收入组	（1）收入分配方程	（2）贸易开放方程	（3）财政支出方程
tradeopen	-0.191*** (0.048)		0.009 (0.013)
govexp		-23.852*** (7.323)	
l. govexp	-0.173 (0.424)	25.493*** (7.630)	1.028*** (0.074)
l2. govexp	0.427 (0.429)	-1.714 (2.158)	-0.113 (0.074)
employse	0.094 (0.115)		-0.006 (0.018)
employin	0.444*** (0.154)		-0.085** (0.034)
urbanp	-0.104 (0.127)	0.113 (0.328)	0.042 (0.028)
fdi	0.456** (0.227)	4.074*** (0.966)	0.064 (0.040)
gdpcg	0.096 (0.176)	0.746 (0.943)	0.037 (0.031)
edut	-0.023 (0.055)		
credit	0.098*** (0.029)	0.392*** (0.085)	
age		-0.442 (1.141)	0.028 (0.048)
density		0.202 (0.157)	-0.003 (0.006)

续表

低收入组	（1）收入分配方程	（2）贸易开放方程	（3）财政支出方程
rd			2.003*** (0.591)
Observations	104	104	104
R^2	0.352	0.204	0.933
chi2	103.82	85	1 711.16
P	0.000	0.000	0.000

Robust standard errors in parentheses; ***p<0.01, **p<0.05, *p<0.1。

2. 中低收入国家3SLS实证结果。中低收入国家联立方程结果如表7－4所示，针对不同方程进行分析。

表7－4　　　　中低收入国家联立方程实证结果

中低收入组	（1）收入分配方程	（2）贸易开放方程	（3）财政支出方程
tradeopen	0.096*** (0.025)		0.045* (0.026)
govexp		19.245** (9.575)	
l. govexp	0.217 (0.235)	－11.510* (5.924)	0.601*** (0.042)
l2. govexp	－0.544** (0.248)	－5.163 (3.154)	0.274*** (0.048)
employse	0.019 (0.041)		0.004 (0.008)
employin	－0.089 (0.070)		－0.001 (0.010)
urbanp	0.125*** (0.036)	－0.159 (0.114)	0.004 (0.006)
fdi	－0.591*** (0.198)	5.960*** (0.391)	－0.271* (0.156)
gdpcg	0.409*** (0.127)	0.312 (0.735)	－0.021 (0.029)

续表

中低收入组	（1）收入分配方程	（2）贸易开放方程	（3）财政支出方程
edut	-0.043 (0.039)		
credit	-0.036*** (0.013)	0.007 (0.037)	
age		-0.769 (0.481)	0.028 (0.033)
density		0.007*** (0.001)	-0.000 (0.000)
rd			0.128 (0.223)
Observations	441	441	441
R^2	0.153	0.409	0.853
chi2	127.72	626.62	3 819.27
P	0.000	0.000	0.000

Robust standard errors in parentheses; ***p<0.01, **p<0.05, *p<0.1。

首先，收入分配方程实证结果得出，贸易开放的系数为0.096，而且显著为正，与总样本回归结果符号相同。中低收入发展中国家贸易开放将增加本国基尼系数，也就是说中低收入国家贸易开放的扩大会显著恶化国内居民收入分配。滞后一期政府支出系数不显著，而滞后两期政府支出系数显著为-0.544，可以看出中低收入国家政府支出对居民收入进行了适当的调节，这种调节需要时间才能显现出来。其次，贸易开放方程实证结果得出，govexp与l.govexp系数都很显著，而当期政府支出系数为19.245，显著为正，说明政府支出的扩大会对贸易开放程度产生明显的影响，也就意味着财政支出可以通过影响贸易开放的规模进而来改变贸易开放的收入分配作用。最后，财政支出方程实证结果得出，贸易开放的系数为0.045，显著为正。表明，随着中低收入发展中国家贸易开放的加深，政府财政支出会显著增加。滞后一期与二期政府支出系数显著为正，政府财政支出将会受到过去期的显著影响。

3. 中高收入国家3SLS实证结果。中高收入组的联立方程结果如表7-5所示，首先，收入分配方程实证结果得出，贸易开放的系数为0.275，而且显著为正，与总样本回归结果符号相同。中高收入发展中国家贸易开放将增加本国基尼系数，也就是说中高收入国家贸易开放会显著恶化国内居民收入分配。滞后一期政府支出系数不显著，而滞后两期政府支出系数显著为 -0.594，可以看出中高收入国家政府支出对居民收入进行了适当的调节，这种调节需要时间才能显现出来。

表 7-5　　中高收入国家或地区联立方程实证结果

中高收入组	（1）收入分配方程	（2）贸易开放方程	（3）财政支出方程
tradeopen	0.275*** (0.073)		0.019** (0.009)
govexp		22.716 (85.220)	
l. govexp	-0.044 (0.277)	-20.290 (75.812)	0.891*** (0.043)
l2. govexp	-0.594** (0.292)	1.746 (4.587)	-0.048 (0.044)
employse	0.178*** (0.051)		0.002 (0.002)
employin	-0.450*** (0.103)		-0.006 (0.006)
urbanp	0.167*** (0.053)	-0.435 (0.865)	0.000 (0.006)
fdi	-0.363 (0.226)	2.555 (2.076)	-0.053* (0.032)
gdpcg	-0.421*** (0.139)	0.304 (2.376)	0.004 (0.021)
edut	-0.122*** (0.036)		
credit	-0.076** (0.030)	0.379 (0.532)	
age		-0.755 (2.159)	-0.004 (0.018)

续表

中高收入组	(1) 收入分配方程	(2) 贸易开放方程	(3) 财政支出方程
density		0.066 (0.209)	-0.003*** (0.001)
rd			0.145 (0.139)
Observations	519	519	519
R^2	-0.373	-0.706	0.854
chi2	93.53	26.37	2 923.23
P	0.000	0.000	0.000

Robust standard errors in parentheses; ***p<0.01, **p<0.05, *p<0.1。

其次，贸易开放方程实证结果得出，govexp 与 l. govexp 系数均不显著，说明在中高收入发展中国家财政支出规模的扩大并未对贸易开放程度产生明显的影响，同时也意味着财政支出无法通过影响贸易开放的规模来改变贸易开放所带来的收入分配不公。

最后，财政支出方程实证结果得出，贸易开放的系数为 0.019，显著为正。随着中高收入发展中国家贸易开放的加深，政府财政支出会显著增加。滞后一期支出系数显著为正，政府财政支出将会受到过去期的显著影响。

4. 高收入国家 3SLS 实证结果。高收入国家联立方程结果如表 7-6 所示，针对不同方程进行分析。首先，收入分配方程实证结果得出，贸易开放的系数为 -0.053，而且显著为负，与总样本回归结果符号相反。高收入发展中国家贸易开放将减小本国基尼系数，也就是说高收入国家贸易开放会显著改善国内居民收入分配。滞后一期政府支出系数与滞后两期政府支出系数均不显著，可以看出高收入国家的政府支出并不会对居民收入差距产生显著影响。

表 7-6　　　　高收入国家或地区联立方程实证结果

高收入组	(1) 收入分配方程	(2) 贸易开放方程	(3) 财政支出方程
tradeopen	-0.053*** (0.013)		-0.019 (0.012)
govexp		0.410*** (0.115)	

续表

高收入组	（1）收入分配方程	（2）贸易开放方程	（3）财政支出方程
l. govexp	0.214 (0.270)	0.179 (1.434)	0.902*** (0.097)
l2. govexp	0.112 (0.274)	-2.465*** (0.916)	0.053 (0.087)
employse	0.090** (0.042)		-0.014 (0.014)
employin	0.112 (0.091)		0.006 (0.027)
urbanp	0.023 (0.042)	-0.435 (0.865)	0.013 (0.009)
fdi	0.299** (0.148)	2.555 (2.076)	0.077 (0.053)
gdpcg	0.243** (0.110)	0.304 (2.376)	-0.121*** (0.040)
edut	-0.193*** (0.044)		
credit	0.036** (0.014)	-0.072 (0.060)	
age		0.386 (0.476)	-0.012 (0.026)
density		0.044*** (0.005)	0.001 (0.001)
rd			-0.126 (0.336)
Observations	112	112	112
R^2	0.729	0.936	0.910
chi2	295.49	1 868.43	1 227.92
P	0.000	0.000	0.000

Robust standard errors in parentheses； ***p<0.01， **p<0.05， *p<0.1。

其次，贸易开放方程实证结果得出，govexp 与 l2. govexp 系数都很显著，说明政府支出的扩大会对贸易开放程度产生明显的影响，也就意味着财政支出可以通过影响贸易开放的规模进而来改变贸易开放的收入分配作用。

最后，财政支出方程实证结果得出，贸易开放的系数为 -0.019，但并不显著。表明，高收入发展中国家贸易开放对于其政府财政支出并无显著影响。滞后一期政府支出系数显著为正，政府财政支出将会受到过去期的显著影响。

（三）小结

发展中国家贸易自由化初期随着贸易活跃，国内就业会增加，工资差距会扩大，政府支出将增加以进行调节，同时换取更多人对于贸易自由化政策的支持。由于国际贸易活跃刺激国内经济的发展，发展中国家人均国民收入将会提高。在经济发展的过程中，发展中国家逐渐加强对技术的引进。贸易开放发展中后期，由于技术引进导致国内的技术提高，发展中国家居民收入整体提高，工人得以培训，收入差距将降低。政府支出随之减少。当出现收入差距又扩大的情况时，政府可以通过财政支出政策调节收入分配。贸易开放会影响居民收入分配，但政府可以通过支出政策既能直接调节收入分配差距，又能通过影响贸易开放度间接调节收入差距。

我国应根据自身状况将促进贸易开放的税收政策与财政政策配合使用，加强财政预算管理。在贸易开放中期，采用积极的财政支出政策，加大支出以补偿在此过程中受损的群体。提高财政资金的使用效率，逐步实现公共服务均等化途径。随着贸易开放程度的加深，政府税收收入会出现下降趋势，此时紧缩财政支出政策，充分发挥市场的效率。

第二节　税收政策与贸易政策的协调配合

随着全球化的发展，各国早已意识到闭关锁国、自给自足的状态不合时宜。因而在 20 世纪许多国家纷纷打开国门，推动贸易开放。而在贸易开放过程中，各国所选择的贸易政策有所不同，税收政策进行相应的调整，应该考虑不同的贸易政策背景。

一、贸易政策的选择及实施效果

20 世纪中后期以来，不同国家或地区采取不同的贸易发展战略。同时随着国际贸易的发展，同一国家或地区也采取了不同阶段的贸易政策措施，所达到的政策效果也有所不同（见表 7－7）。

表 7－7 贸易政策实施及效果汇总

贸易政策	主要内容	国家或地区	典型代表	实施成果
超出口导向	奖励外销和生产	小国	初级产品出口及制成品出口国	不佳
自由贸易	对内外销及生产基本无歧视	小国或地区	中国香港、新加坡	良好
受保护的出口导向型	以出口奖励抵消反出口偏向	小国或大国	20 世纪 70 年代的韩国	不佳
进口自由化	取消对出口奖励和进口替代的刺激	大国	1985 年以后的墨西哥	良好
进口替代	重视内销生产而轻视出口生产	大国	20 世纪 60 年代的拉美国家	不佳
进口保护以促进出口	进口保护，发挥规模经济和外部效应直至获得竞争力	大国	日本	良好
进口导向	既不鼓励进口替代，又反对出口	特殊情况下	20 世纪 60 年代的哥伦比亚及 80 年代的匈牙利	不确定

资料来源：熊性美，戴金平等．当代国际经济与国际经济学主流［M］．大连：东北财经大学出版社，2004.

各国选择不同开放程度的贸易政策，导向有所不同。假设一国采取贸易自由政策，本国国内商品价格与国际价格之间差异并不会太大，那么自由化通过改变价格使得一些人受益的同时，也会导致一些人受损。受损失的人群自然就会反对自由贸易，因而在贸易政策的选取上需要综合考虑与权衡各方面利益。由于各方利益不同，导致了政府采取贸易自由化政策后形成了支持与反对这两股政治力量，最终贸易政策的选取就取决于政府对于冲突双方的调停。尤其是在民主政权中，通过投票进行。尽管这种民主选票在选举出一个竞争性的有代表的政治体系有效，但是在贸易政策上的选取却不一定有效。在多数发达国家，贸易政策是由立法会投票决定的，这也就意味着贸易政策往往是会受到政治领域较大的影响，而非其经济价值。① 当然对于贸易政策的选取与制定并非本书研究的重点，这里并不做过多的解释。在贸易开放的背景下，税收政策的

① 道格拉斯·欧文．备受非议的自由贸易［M］．中信出版社/辽宁教育出版社，2003.

调整需要考虑政府对贸易政策的选择，以便更加切合实际地进行改革。

二、发展中贸易大国的贸易政策改革措施

20 世纪 80 年代之前，很多发展中大国都有很高的进口壁垒，随着这些国家的贫困以及经济等问题日益严重，进口替代型的内向发展战略在这些国家显得愈发不适用。故此一些国家选择实行贸易自由化且部分取得了成功，这些成功的案例为发展中大国指引了方向，发展中大国开始寻求外向型发展，加入贸易自由化的阵营。

通过前文对一些发展中国家的具体措施分析可以发现，贸易自由化的选择更多地需要配套国内制度的完善；如果国内政策制度没有配套完善，贸易自由化政策并不能长久地保持。发展中大国贸易政策改革主要是从三方面着手：单方面的贸易改革、区域经济一体化、积极参与多边贸易谈判。其中单方面的贸易改革主要是本国单方面地减少政府干预，吸引外资流入，为此制定了一系列的税收优惠措施，如普遍降低关税、缩小关税税率差距、取消对进口数量的限制等。20 世纪 80 年代以来，发展中大国主要的贸易政策改革如表 7 –8 所示。

表 7 –8　　1985 年以来发展中大国的主要贸易改革政策措施

地区	改革背景	改革特点	改革内容
东亚地区	①20 世纪 80 年代中期以来，东亚地区贸易政策改革环境较好； ②各国改革动力不同	①国内改革作用很大； ②坚持出口导向的政策； ③改革的持续性受宏观经济状况影响	大量减少数量限制，降低关税税率，改革外汇市场
其他亚洲地区	①关税税率非常高； ②存在长期的经常账户赤字，外汇储备流失； ③外汇市场高度受干预，通过进口许可制度分配外汇，采取双元外汇市场	①自由化过程较为缓慢，通常不能持续； ②贸易改革模式较中性化	提高出口激励，有选择地减少数量限制，合理化关税结构，降低关税税率，减少数量限制，改革外汇市场
拉美地区	①经历严重的债务危机； ②早期改革的国家跟晚期改革国家在贸易和汇率政策方向完全不同； ③税收收入对进口的依赖很低	①进口限制、出口限制、外汇市场改革同时进行； ②自由化进程常被中断； ③改革的速度和范围很大； ④改革方向是中性化，提高自由度	减少关税、出口税、出口限制，增加间接出口支持，减少数量限制，减少外汇市场干预

续表

地区	改革背景	改革特点	改革内容
非洲	①数量限制普通，几乎涵盖所有商品； ②外汇管制很严，且作为重要的限制进口措施； ③黑市溢价现象严重； ④税收收入主要来源于进口关税	①从外汇市场改革开始； ②关税降低不多； ③加强税收征管以弥补改革带来的收入损失； ④改革的过程常发生逆转	简化许可制度，减少数量限制，放松外汇管制，货币贬值，改革汇率体制

资料来源：Dean，J. M.，Desai，S.，Riedel，J. Trade Policy Reform In Developing Countries since 1985：A Review of The Evidence. World Bank Discussion Papers.

随着贸易开放程度的加深以及全球治理的完善，发展中国家的经济活动必将越来越多地遵循国际惯例和国际条约来运行。各国国内的经济波动将会增加，外部风险加大，因而要控制和防范贸易开放对发展中国家国内市场和产业的冲击，不仅需要建立和完善国际经济协调机制，更需要各国建立良好的国内经济制度，采取正确的国内经济政策尤其是税收政策，以维持国内良好的宏观经济结构和环境。

三、我国税收政策与贸易政策的协调

新中国成立以后，鉴于当时的政治经济状况，我国贸易政策采取的是进口替代型，这与20世纪很多发展中国家的贸易政策是一样的。同时搭配其他政策，如贸易壁垒、外汇管制、信贷分配以及财税政策。其中相关的税收政策主要是针对如原材料、农产品与矿产品等贸易征收出口税、进口关税，另外，还包括针对某些产品或行业的补贴和税收减免优惠政策等。在进口替代贸易政策的实施下，我国经济取得了一些成绩，但是仍然存在许多问题，影响政策的实施效果。

首先，由于贸易保护严重导致与外部市场脱离，尽管有政府对产业的投入与补贴但是缺乏外部竞争导致国内制造业等技术革新缓慢、资源配置效率较低，行业部门的研发动力较弱，从而导致生产对市场需求反应能力滞后。其次，在产业保护及鼓励出口措施制定与实施缺乏政策时效管理，长期保护及奖励形成了经济中的某些特殊利益集团。再次，在进口替代贸易政策实施中，假设替代进口的行业不能迅速成长为出口创汇部门，长此以来不仅不利于外汇收入的增加，反而会由于进口急剧上升导致外汇短缺。最后，由于限制工业原材料等价格，使得制造业外延式发展以农业和基础工业生产的亏损为代价，积累下来将会动摇经济基础。

于是，中国 1978 年确立了改革开放的重大战略决策，开始着重发展外向型经济，贸易政策的调整随之伴随着税收政策调整，配合鼓励出口的产业政策、外汇政策和货币政策等，对外贸易的发展提高了我国的经济发展水平和国际地位。同时也导致我国国际收支不平衡，长期贸易顺差引发了国际矛盾与摩擦，也带来了环境问题以及资源储备等长远问题。这往往也与许多发展中国家采用出口导向型的外贸发展战略所面对的问题类似，内需不足的诱导下需通过鼓励出口提高有效需求。尽管经济维持了长达一二十年的强劲增长，但却忽视了马克思所提出的最终消费的瓶颈约束问题。同样地，我国在出口导向型贸易政策的发展下，长期处于贸易顺差，但这种顺差是以资源消耗为代价，其中能源矿产等储备资产占很大比重，这些资源有一些是不可再生的，有一些需要长时间才能再生。

另外，我国尽管实施的是有管理的浮动汇率，随着出口导向型外贸战略导致出口增加，外汇上升，对内形成了本币的升值压力，但是外汇政策又不能保证汇率随之变化，要求本币稳定必然会带来中央银行对市场的干预。吸引外资政策带来的效果也类似，引进外资在我国加工贸易占很大比重，外资进入后投资建厂又扩大出口贸易，同样导致人民币升值压力。由于资本市场封闭，导致长此以往矛盾日益深入，问题日益严峻。因而，出口导向型外贸政策并不能长期地维持经济稳定及可持续性发展，必须随着经济的发展向市场化的方向转变，及时地、主动地调整贸易政策，由出口导向转向内需主导，为此搭配一系列的税收、支出、社会保障、教育等政策。转变外贸增长方式需要综合财税政策、贸易政策、产业金融政策等进行积极调控。

第三节　税收政策与非关税壁垒政策的组合

贸易壁垒又被称为贸易障碍，顾名思义是指一国对进入国内市场的产品所设置的各种限制。贸易壁垒又包括关税壁垒与非关税壁垒，在 20 世纪中后期，随着各国贸易合作的加深，各国关税壁垒自乌拉圭回合谈判以来已大幅度下降，许多国家尤其是发展中国家的关税下降了许多，自由贸易之风逐渐被各国所接纳。然而，进入 21 世纪以来，尤其是金融危机后，全球经济形势持续不明朗，各国出于本国经济等的考虑，采取一些贸易保护手段，其中因非关税壁垒天然的隐蔽性特点而被广泛采用，使其呈现逐渐抬头趋势。非关税壁垒对于贸易的限制作用甚至会高于关税壁垒，阻碍贸易开放的深入发展。

一、关税与非关税壁垒的保护效果

许多发达国家尽管其关税税率设置非常低，但其贸易政策中会设置形式多样的非关税壁垒。就其种类而言，关税壁垒的实施方式包括从量征收和从价征收。而非关税壁垒种类多种多样，包括传统与新形式的非关税壁垒。传统的非关税壁垒主要有通关环节壁垒、进口配额、进口许可证制、自动出口限制等。随着国际贸易的加深，近年来新形式的非关税壁垒层出不穷并起到很好的保护作用，如“两反一保”、技术性壁垒、绿色壁垒、知识产权壁垒、社会壁垒及动物福利壁垒等。

贸易壁垒是政府管理对外贸易的主要手段，既可以给本国产业带来一定程度的保护作用，又能够对他国产生一定的威胁防止其进行打击报复。由于市场失灵的存在，需要政府进行适当的干预，只有当这些干预手段过度，超出了WTO规则或其他贸易协定所允许的范围时，才会引发摩擦与争端。从某种意义上，非关税壁垒的设置是合理且必要的。

二、关税与非关税壁垒的效果比较

2017年我国召开的“一带一路”国际合作高峰论坛中，其中一项主题是围绕“畅通、高效、共赢、发展，深化‘一带一路’经贸合作”，在会议中再次强调贸易投资自由化和便利化，抵制贸易保护主义。通过贸易自由化，一方面，能够通过市场竞争提高产品及服务质量，改善管理手段，降低成品成本；并且能够通过引进先进的生产技术以及管理经验以促进本国相关行业的发展；另一方面，有利于本国具有比较优势的部门进一步实现专业化，提高生产效率，在全球范围内实现规模经济，提高产品的国际竞争力。以自由贸易理论为基石，随着时代的发展，各国之间正加强合作与交流，促进经济全球化发展，以提高全球社会福利。我国“一带一路”倡议的提出，正是践行经济全球化的切实行动，加强区域合作，促进贸易与投资自由化。在“一带一路”倡议背景下，本节沿用GTAP模型分析关税壁垒与非关税壁垒对国际贸易影响的效果。

（一）实证模拟方案设计

在进行模拟冲击前，将GTAP数据库中包含的140多个国家或地区重新进行分组。根据“一带一路”沿线国家按照区域地理位置划分为两组（东盟10国以及“一带一路”其他国家[①]），然后将剩下的国家或地区按照与我国贸易量的多少以及发达程度进行划分，最后划分出十个国家（或地区），分别为中国、东盟、“一带一路”其他国家、美国、日本、韩国、澳大利亚、欧盟、北美（新西兰与加拿大）、剩余的国家。国家或地区分组完成后，再对产业（部门）进行加总和重新分组，产业分组参考第四章表4－2。

本节冲击方案为两种：一是我国单方取消我国从“一带一路”国家进口关税；二是我国单方降低来自“一带一路”沿线国家进口产品的非关税壁垒。冲击幅度中假设我国与“一带一路”沿线国家建立自贸区后取消关税的情况；非关税壁垒降低的幅度参考刘冰与陈淑梅（2014）研究中的模拟程度（即下降10%）。在GTAP数据库中，关税的变化用tms变量进行模拟冲击，非关税壁垒的变化本节参考Hagemejer和Michalek（2010）的做法，选用ams变量来衡量非关税壁垒对各国产生的经济贸易的影响，对比降低这两种贸易壁垒对贸易影响程度的大小。

（二）模拟冲击结果

在两种不同模拟方案下，我国与其他国家或地区的进出口变化如表7－9所示，可以看出，首先，降低我国进口“一带一路”沿线国家产品关税税率，税率下降导致进口成本降低，一方面促进了我国进口贸易，进口贸易上升了1.52%；同时进口成本降低，进口原材料及中间产品的成本下降，从而降低生产成本，出口商品变得相对有竞争力，进而促进了我国出口贸易的发展，增加了1.2%。对于“一带一路”沿线国家，关税壁垒下降也有利于这些国家进出口贸易的发展，其中与我国地理位置相近的东盟国家贸易上升最多。而对于其他国家或地区的对外贸易则会受到负面影响。降低“一带一路”沿线国家出口至我国产品的非关税壁垒10%，将会增加了我国的进口贸易2.51%，出口贸易2.21%。贸易便利化程度增加，相应的进口费用等会下降，进而促进了

---

① 此处“一带一路”其他国家包括：伊朗、伊拉克、土耳其、叙利亚、约旦、黎巴嫩、以色列、巴勒斯坦、沙特阿拉伯、也门、阿曼、阿拉伯联合酋长国、卡塔尔、科威特、巴林、希腊、塞浦路斯和埃及；印度、巴基斯坦、孟加拉国、阿富汗、斯里兰卡、马尔代夫、尼泊尔和不丹；哈萨克斯坦、乌兹别克斯坦、土库曼斯坦、塔吉克斯坦和吉尔吉斯斯坦；俄罗斯、乌克兰、白俄罗斯、格鲁吉亚、阿塞拜疆、亚美尼亚和摩尔多瓦；波兰、立陶宛、爱沙尼亚、拉脱维亚、捷克、斯洛伐克、匈牙利、斯洛文尼亚、克罗地亚、波黑、黑山、塞尔维亚、阿尔巴尼亚、罗马尼亚、保加利亚和马其顿，共计54个国。

我国进口贸易。同样由于我国从这些国家进口中间品较多，导致我国生产商成本相对降低进而促进了我国出口的发展。对于“一带一路”其他国家进出口贸易也呈现出促进作用。从两种方案对比可以看出，非关税壁垒的下降能更大程度地促进国际贸易的发展。

表 7-9　降低关税与非关税壁垒对进出口规模影响效果对比

国别	降低关税		降低非关税壁垒	
	进口	出口	进口	出口
中国	1.52	1.2	2.51	2.21
东盟 10 国	1.31	0.46	2.67	0.86
BRI 其他国家	0.34	0.15	0.54	0.17
美国	-0.07	0.03	-0.13	-0.03
日本	-0.32	0.03	-0.75	-0.02
韩国	-0.37	-0.09	-0.84	-0.24
澳大利亚	-0.08	-0.03	-0.36	-0.17
欧盟 18 国	-0.06	0	-0.13	-0.04
北美	-0.04	-0.02	-0.09	-0.05
ROW	-0.16	-0.06	-0.38	-0.14

资料来源：RunGTAP 模拟结果。

三、关税与非关税壁垒政策的相互补充

在调整税收政策以促进对外贸易，扩大贸易开放的进程中，可以搭配非关税壁垒，进而更好地为进出口贸易服务。2007 年至 2018 年 10 月 31 日，我国关税总水平一直是 9.8%，关税仍然有下降空间。如今 2018 年 11 月 1 日起，我国关税总水平降到 7.5%，而加权平均税率只有 4%，到 2021 年关税总水平下降为 7.4%，关税降幅空间更加狭小，可以说未来在关税税率的调整空间有限。贸易壁垒包括关税与非关税壁垒，故而我国未来对于贸易壁垒的调整重心将会过渡到非关税壁垒措施。通过本 GTAP 模拟分析，研究发现降低非关税壁垒对于进出口贸易的影响程度要高于关税。因而在推动高水平贸易开放的税收政策调整时，考虑非关税壁垒政策的搭配是有必要的。可以从两方面着手：一方面，提高贸易便利化程度；通过提高通关时间、简化手续与审核程序，减少寻租行为。另一方面，加大如反倾销与发补贴等相关法律的研究，尤其是对于国际惯例、法律案例等进行研究，使我国非关税壁垒相关法律与国际接轨。

第八章　总结与展望

贸易开放可以刺激经济发展，同时影响政府的经济决策行为，也能为政府采取良好的宏观经济政策提供激励。稳定的宏观经济环境可以减少价格的不确定性，减少挤出效应以及未来税负增加的可能性，提高国内企业在全球市场上的竞争力，从而促进经济可持续性增长。另外，开放经济的政府也倾向于更自由的税收体系，来维持经济体的价格竞争优势，吸引外商投资。

第一节　总结与启示

本书分别从关税、出口补贴、所得税角度研究推动高水平贸易开放，实证分析在财政收入约束下对贸易开放程度的影响，进而在调整税收政策的时候需要适当地进行考虑。然后，还结合其他宏观调控政策，包括财政支出政策、贸易政策及贸易壁垒与税收政策搭配进行研究分析对贸易开放的影响。另外，通过一些国家在贸易自由化过程中成功与失败的经验来分析在贸易开放过程中这些国家税收政策的做法，为我国提供经验借鉴。

一、不同税种税率的调整对国际贸易的影响程度不一

降低不同税种的税率对进口与出口的影响程度不同。

第一，贸易税收政策。实证结果表明，降低进口关税税率会促进该国的进出口贸易，而降低出口补贴（退税率）效果恰恰相反。也就是说降低关税与增加出口补贴会促进进口与出口贸易。

第二，国内税收政策。通过 GTAP 模拟分析发现降低我国所得税税率时，出口贸易将会上涨而进口贸易却表现出下降的趋势。一方面，企业所得税的降低，会激发出口企业及国内企业的积极性，从而促进出口贸易。同时会提高资

本的投资回报率，吸引国外投资，进而影响汇率波动，导致本币贬值，促进出口贸易，降低进口贸易。另一方面，个人所得税的下降会通过影响要素价格进而影响产品的生产成本，降低最终产品的价格，从而增加出口产品的价格竞争力，刺激出口贸易的发展。

第三，从影响程度的角度看，调整同等幅度的税率，出口补贴与国内所得税政策的影响效果要高于进口关税政策。可能是因为我国平均关税税率已经下降到较低水平，因而进一步调整进口关税对各行业部门的影响相对较小。

第四，不同税收政策调整对我国各产业部门对外贸易的影响程度不同。其中国内所得税政策的调整对我国工业及纺织业贸易水平影响较大，关税政策的调整对我国畜牧业及轻工业贸易水平影响较大，而出口补贴的变化会很大程度上影响我国采掘业与纺织业的贸易水平。纺织业与轻工业贸易受税收政策影响较大，尽管近年来我国对外贸易结构得以优化，但是仍存在很大的改进空间。

二、贸易开放会影响税收收入进而限制税收政策的调整幅度

通过发展中国家面板数据实证分析发现：一方面，随着贸易开放度的加大，贸易自由化的深入，国际贸易活动将愈发频繁，规模扩大，一国总税收收入将增加，但是贸易税收收入的变化方向不定。以进出口贸易额占比衡量贸易开放度的模型估计结果表明随着进出口贸易的增加，贸易税收收入将会下降；以平均关税税率为指标衡量贸易开放度的模型估计结果显示随着关税税率的下降，贸易税收收入的变化并不显著。

另一方面，根据发展中国家收入分组实证讨论结果，在低收入国家中贸易开放程度加大，对该国总税收收入的影响并不大，这可能是由于这些低收入国家贸易活动较少。随着收入水平的提高，在中低收入与中高收入国家中，贸易开放的深入将提高这些国家国内税收收入，进而弥补由于关税税率下降导致贸易税收收入的减少，最终导致总税收收入提升。然而在高收入发展中国家，贸易开放度的加大，会降低总税收收入水平。

因此，在贸易开放初中期，降低税率进行调整税收政策时可以不用考虑其对税收收入的影响。随着贸易开放的加深到后期，进一步降低税率促进国际贸易时需要考虑其对税收收入的影响而放缓降低税率的速度。

三、支出政策与非关税壁垒搭配税收政策调整扩大贸易开放

搭配财政支出政策进行研究，通过建立联立方程组 3SLS 估计进行实证分

析发现，贸易开放与财政支出呈倒 U 形关系。发展中国家贸易自由化初期，补偿假说占据主导作用，政府支出将增加。随着贸易活跃，此时一国与世界经济交流尚浅，开放程度也较低，开放初期的不稳定因素较多，收入分配差距也将增加。通过搭配政府支出政策，扩大支出，降低贫富差距，以减少开放对本国产业及经济带来的风险及消极影响。随着贸易开放的深入，效率假说会超过补偿假说占据主导地位。一国与世界联系更加密切，贸易开放程度加大，给经济所带来的益处逐渐体现，收入差距逐渐缩小，政府干预程度降低，充分发挥了市场的效率。这也正好同贸易开放对税收收入的影响情况相类似，贸易开放初中期，税收收入会增加，财政支出也将扩大，政府预算将保持平衡，并不会受太大的影响。在贸易开放后期，税收收入表现出下降趋势，财政支出政策也表现出紧缩的趋势，从而维持住财政收支平衡。

配合贸易政策，降低贸易壁垒措施。不论是适度的贸易保护政策还是贸易自由化政策，贸易开放都是不变的前提，在这一背景下税收政策的调整需要在透明、公平的基础上，按照国情原则进行设计和实施，尤其是充分利用税收优惠政策。同时在贸易壁垒措施上，降低非关税壁垒对我国贸易的促进作用要高于关税壁垒，为此提高贸易便利化程度，完善非关税壁垒相关法律法规。

四、国外在扩开放中税改以所得税为主间接税为辅

通过分析美国、泰国、印度及加纳贸易自由化进程中贸易及税收政策的做法，发现：

第一，贸易开放过程能够促进对外贸易的迅速增长，尤其是对进口贸易。无论是理论分析还是现实数据，都说明随着关税税率的下降，贸易开放程度的加深，会很大程度上刺激一国对外贸易的发展。

第二，贸易自由化过程中，需加强对政府预算的管理，避免财政赤字问题的出现。对于一些国家而言，关税税率的下降会导致国际贸易税收收入的大幅减少，进而制约了贸易自由化进程。所以在贸易自由化过程中，为保证政府财政收入，一国会对国内税收政策进行调整，通过减少对国际贸易税收的依赖性，转而过渡到国内直接税与间接税收入，以免贸易税收收入大幅降低对其产生的负面影响。例如，美国、加纳与泰国国内税制改革的过程中，以所得税改革为主，间接税改革为辅。其中，美国与泰国就是以调整个人所得税为主进行税制改革；加纳政府则双管齐下，同时又对国内间接税进行了大范围的调整，

因而加纳政府贸易自由化进程中国内间接税收入增长较快。这就保持了财政收入的稳定，为继续开放贸易赢得了支持。

但是也有贸易自由化失败的国家如印度，由于国内税改不足以解决贸易自由化过程中所带来的问题如财政赤字现象严重，导致印度政府反复调整其贸易政策，时而以保护为主，时而以开放自由为主，使其贸易政策没有延续性，贸易自由化进程受阻。这部分也是由于印度政府税改不彻底，国内纳税人与征收人之间腐败现象盛行，逃税现象严重；加之印度中央与地方政府均征收间接税，生产者税负较重，导致地下经济猖獗。这些原因都导致印度政府扩大贸易开放受阻。

第三，在贸易自由化进程的国家中其税收政策的调整经验包括：所得税的调整以降低边际税率或提高税前所得扣除额为主要改革内容；国内间接税的调整以扩大征税范围为主要改革方向。

第四，在降低关税税率继续扩大贸易开放的过程中，一些国家会采取非关税壁垒的手段对本国幼稚产业进行保护。一方面，满足 WTO 规则要求降低关税；另一方面，又在 WTO 的规则框架下，通过使用非关税壁垒如“两反一保”适度保护国内产业。然而一些国家如印度频繁使用反倾销反补贴等非关税壁垒手段，这对全球贸易起到一定程度的负面阻碍影响，同时也不利于本国贸易的发展。

第二节　中国面临的机遇与挑战

信息通信技术的发展推动着国际贸易的变革，数字技术与社会经济深度结合推动新型贸易模式的发展，打破全球价值链、供应链的格局。国际贸易呈现出高度数字化的特征，为高水平贸易开放提供了契机，同时也对基于传统经济构建起来的税收制度和国际税收体系造成了巨大的冲击和挑战。

一、高水平贸易开放的新机遇

信息技术与实体经济的深度融合，许多环节线上转移，使得发生国际贸易的固定成本大幅下降、效率得以提升。新冠肺炎疫情期间，加速了线上化的发展，深化数字技术与经济社会的融合。因新冠疫情造成的困难而加速变革，可能成为人类从工业经济到数字经济演进的主要分水岭[①]。在国际经济环境复杂

① 中国信息通信研究院．全球数字经济白皮书［R］．2021.08.

严峻的背景下，数字贸易依然保持强劲的增长。根据国家统计局数据，2020 年我国社会消费品零售总额比上年度下降 3.9%，而网上零售额却增长 10.9%。疫情使得更多传统贸易企业开展跨境电子商务业务，通过互联网转型参与到产业供应链建设。随着现代信息通信技术的推广应用和数字经济的快速发展，以数据为生产要素、数字服务为核心、数字交付为特征的数字贸易蓬勃兴起，数字贸易正在成为数字经济的重要组成部分和全球贸易发展的重要趋势。服务贸易作为我国对外开放的重要内容，也是扩大高水平对外开放的重要着力点。根据 UNCTAD 数据库数据，2020 年数字贸易出口占服务贸易出口的比重达 63.55%。服务贸易是连接全球价值链分工的纽带，高水平推进服务业扩大开放，有助于提高服务贸易的自由化、便利化程度，使本国企业深度参与全球价值链，同时吸引优质要素流向国内。随着数字技术的发展与融入，为推动全领域高水平开放提供了强有力的支撑与重要机遇。

当前，针对数字贸易规则框架中延续了对电子传输免关税、消费者保护、电子认证等传统电子商务的议题，伴随着数字技术的发展又引入了跨境数据流动、网络安全、交互式计算机服务、电子服务供应等较具有争议性质的议题，同时为部分条款预留了回旋的空间，如设置里外条款。其中，对于数字贸易税收问题，各国态度基本保持一致，延续 WTO 要求对电子传输暂免征收关税。此外少量区域贸易协定（如英国—日本贸易协定）数字贸易规则里面提出允许在协定范围内对电子传输征收国内税费，但是未展开对国内税的具体规定说明。因此，对于加快数字贸易发展，带动高水平贸易开放，可以探索从国内税收政策入手，构建适应国际数字贸易发展的税收制度体系。

二、高水平贸易开放的难点与挑战

我国入世以来一直在履行承诺，大幅度下降关税，扩大开放水平。达到入世承诺后，关税结构的调整放缓，不会再像原先那样大幅度降低关税。对于服务贸易，因为受到技术、垄断等影响，导致服务贸易开放进程不如货物贸易速度快。随着数字贸易的迅速发展，新业态新模式成为亮点，服务贸易体制机制改革有所进展，制度型开放与创新成果初见成效，服务贸易领域的限制措施在有序取消或逐步放宽。但制约其高水平开放的现实瓶颈依然存在，服务贸易关键领域和薄弱环节的发展难题仍需进一步破解，尤其是在高端服务业领域。利用数字技术改造旅游、运输等传统服务贸易，促进信息通信、金融保险、知识产权、医疗教育等新兴服务贸易发展，引导服务外包向数字化高端化延伸，这些都需要制度的支撑与政策的配合。

2020 年 8 月 12 日，商务部印发的《全面深化服务贸易创新发展试点总体方案》提到“对标国际高标准高水平，探索构建与我国数字经济创新发展相适应、与我国数字经济国际地位相匹配的数字营商环境”。税收环境在营商环境中占有重要地位，为数字贸易发展打造适宜的税收制度环境具有重要意义。数字贸易与生俱来的交易虚拟性、非中介性、数据依赖性等特征，对基于传统经济构建起来的税收制度和国际税收体系造成了巨大的冲击和挑战。一方面，税收制度并不能适应数字经济创造价值的方式；另一方面，由于税收收入下降导致当局政府无力组织在数字经济对生产力提升效益过渡到整个经济（Collin 和 Colin，2013）。缺乏相应的税制框架，税源的跨境流动导致数字经济引发的税源减少逐步扩散到整个经济体，最后很有可能导致税收收入筹集面临困难。随着数字经济与数字贸易的蓬勃发展，推动服务贸易高水平开放的制度与政策调整，同时需要考虑对标国际高水平经贸规则。

第三节　中国高水平贸易开放的税收政策方向

自从我国加入 WTO 以来，已经根据要求降低关税，同时我国的宏观经济政策及其运行机制也发生了许多变化。随着各国合作与交流的加深，贸易开放程度的加大，税收政策也需审时度势进行调整，以更快更好地为经济服务。其中扩大贸易开放的税收政策调整原则应包括最惠国待遇原则、国民待遇原则、公平竞争原则、反补贴与反倾销原则、透明度原则等。在这些基本原则的前提下，推动自由贸易，促进我国经济可持续性地健康发展。

一、进口贸易税收政策

进口贸易税收政策中主要包括关税、进口增值税与消费税三种，通过对贸易税收政策进行调整扩大我国贸易开放。

一方面，通过优化关税结构，推进贸易开放深入发展。目前我国平均关税税率相比发达国家偏高，仍有些许下降空间。关税税率的下降能够直接刺激进口贸易，增加我国对外贸易量。扩大贸易开放的直接手段之一即是降低关税税率。这种下降程度并非再像加入世贸组织后大幅度大范围地调整，而是结构性调整，主要针对富有弹性的商品进行下调，如部分高档消费品、奢侈品；纺织、服装类有比较优势的轻工业产品等。

另一方面，缩小实际关税率与名义关税率之间的差距。这部分主要是对关税优惠政策进行管理，分期分批次进行，可以参照国际惯例，将一些进口优惠措施折算成为关税，减少进口过程中的贪腐现象等。并提高关税征管效率，通过提高海关人员的综合素质，科学合理地进行税收征管，避免滥用职权；严格关税征收程序，精简通关手续。

二、出口补贴政策

出口补贴政策分为直接补贴与间接补贴，包括出口退税、财政贴息及出口相关其他财政上的优惠。出口补贴政策的调整对贸易规模的影响较大，因而需要谨慎调整，尤其是在出口退税税率上。同时引入先进的管理方法，规范退税流程，提高出口退税审核效率，节约征税成本，使企业能够快速有效地实现退税。

稳定的出口退税率有利于企业的可持续发展，在全球化发展的当今，各国参与国际化与世界其他国家的联系越来越紧密，外部风险也在逐渐加大。因而不应让出口退税承担过多的调控作用，包括产业调整与外贸出口等功能，而是让其向税收中性回归，不宜频繁变动退税率，应使退税政策保持稳定，才能促进企业扩大与经济的发展。坚持出口退税的征多少退多少的中性原则，进一步提高出口退税效率。

三、所得税政策

灵活利用所得税政策刺激出口贸易增强企业活力。如当贸易出现逆差的时候，可以通过降低所得税税率，刺激出口贸易，缩紧进口贸易，缓解贸易逆差现象。还可以通过给予外贸企业所得税相关优惠政策进行调整，尤其是工业与纺织行业的税负给予一定减免优惠以刺激这些行业的贸易发展。然而需要注意的是，由于降低所得税税率政策会对国内市场产生一定的影响，社会福利等均会受到影响，因而运用所得税政策促进贸易开放需谨慎。

在贸易开放深入发展过程中，配合国内所得税政策的调整，逐步提高国内直接税在税收收入中的占比。相对于我国间接税，所得税在总税收收入占比还有很大的提高空间，2018 年的个人所得税改革已初步建立分类与综合相结合的新税制，并进行了适当的完善。之后，还可借鉴发达国家经验进一步完善机制。另外，我国个人所得税税率层级较多，可以考虑简并税率。这既能提高征管效率又避免税收规避，逐步提高所得税在总税收收入中的比重。

四、财政支出政策

贸易开放会影响政府的支出规模，同样通过政府支出政策的调整能够降低贸易开放给国内经济与市场带来的负面影响。在贸易开放初期，扩大政府支出政策，尤其是在居民收入分配的调节及外来风险的预防上多分配预算。随着贸易开放度的进一步扩大，政府应该重点向受到贸易开放冲击影响较大的产业，如农业部门提供财政补贴，改善农业生产条件，确保农业发展后劲。

在贸易开放后期，逐步紧缩财政支出，发挥市场自发调节的效率。另外，政府还可以选择从自身改革入手，提高公共管理效率，明确政府权力边界，同时结合当地情况选择合适的政府支出规模。通过政府支出调节贸易开放所带来的外部风险以及对居民收入差距的影响，同时应完善财政预算制度，防止地方政府为了吸引外商不惜降低税收导致财政支出受限，阻碍经济持续发展。最后，加强财政支出的风险管理，提高财政支出的透明度，对于支出量大的、周期长的政府财政建立一套完善的风险防控系统，提高财政支出使用效率，维持财政支出结构平衡。

五、非关税壁垒措施

在扩大贸易开放的进程中，可以搭配非关税壁垒政策进行调节。完善相关的法律法规，提高贸易便利化程度。进入 21 世纪后，国际上非关税壁垒形式层出不穷，从传统形式的进口配额、反倾销、反补贴、保障措施到新的形式技术壁垒、绿色贸易保护壁垒，甚至是最新出现的一种壁垒形式蓝色贸易壁垒。而我国非关税壁垒主要是依赖“两反一保”措施，但是相比发达国家而言，我国非关税壁垒政策还有很多不完善的地方。一方面，非关税壁垒很大程度上体现在贸易通关等手续繁杂，耗时耗力，因而需要降低这些壁垒，简化通关手续，促进对外贸易发展。另一方面，针对我国产品在国外遭受到反倾销等现象，我国应该完善相关的研究。我国的反倾销税立法还处于初级阶段，我国利用反倾销以及其他贸易救济措施以对国内产业进行保护的功能还有待于进一步加强，“两反一保”政策还存在很大的完善空间。为了给我国企业争取一个公平有利的发展环境，我国应该认真研究并利用在 WTO 规则范围内的贸易救济手段，加强对反倾销与反补贴制度的研究。

主要参考文献

[1] 钞小静，沈坤荣．城乡收入差距、劳动力质量与中国经济增长［J］．经济研究，2014（6）：30－43.

[2] 陈平，黄健梅．中国出口退税效应分析：理论与实证［J］．管理世界，2003（12）：25－30.

[3] 陈立兴．国际经济协作背景下的中国财政政策研究［D］．大连：东北财经大学，2006.

[4] 程风雨．公司所得税与净出口：促进还是阻碍——基于跨国面板数据的实证研究［J］．国际贸易问题，2015（5）：145－153.

[5] 程风雨．贸易开放视角下的地区税收竞争与经济增长——来自中国的经验证据［J］．财经论丛，2016（5）：11－19.

[6] 陈立兴．国际经济协作背景下的中国财政政策研究［D］．大连：东北财经大学，2006.

[7] 邓力平，王智烜．增值税的贸易效应：理论进展和经验分析［J］．厦门大学学报（哲学社会科学版），2011（2）：42－51.

[8] 董勤发，杨丹芳．国际经济中的税收理论与政策［M］．昆明：云南人民出版社，2005.

[9] 樊勇，王婉如，蔡松锋．关税下降、进口贸易与财政收入效应研究［J］．财政研究，2017（11）：75－84.

[10] 冯宗宪，孔德明．我国关税下调的影响及展望［J］．当代经济科学，1997（1）：5－9.

[11] 付伯颖．美国联邦个人所得税变迁的思考与借鉴［J］．地方财政研究，2014（10）：69－74.

[12] 高翔，黄建忠．贸易开放，要素禀赋与中国省际政府规模：1997—2013［J］．国际贸易问题 2016（5）：164－176.

[13] 顾国达，麻晔．财政支出偏向，金融约束与中国外贸失衡［J］．国

际贸易问题，2015（11）：156－164.

［14］顾振华，沈瑶．中国进口需求弹性的再计算［J］．国际贸易问题，2016（4）：50－61.

［15］广西财经学院课题组．泰国税制改革及其对我国的启示［J］．经济研究参考，2009（41）：34－37.

［16］黄玖立，李坤望．出口开放、地区市场规模和经济增长［J］．经济研究，2006（6）：27－38.

［17］胡文骏．财政支出、贸易开放与收入分配［J］．财贸经济，2017，38（12）：35－50.

［18］金祥荣，林承亮．对中国历次关税调整及其有效保护结构的实证研究［J］．世界经济，1999（8）：28－35.

［19］金兴健．人民币贬值政策与出口退税率调整的比较分析［J］．财贸研究，2002（2）：67－70.

［20］李丽．论关税体制及其经济影响［J］．技术经济，1999（4）：47－49.

［21］李聆佳．中国工业贸易有效保护水平与结构——基于2006年关税数据的实证分析［J］．国际贸易问题，2008（8）：18－22.

［22］李文涛．WTO环境下对外贸易中我国税收政策的应对［J］．网际商务，2002（8）：86－88.

［23］廖涵，房师杰．贸易自由化及其度量理论述评［J］．中南财经大学学报，2000（5）：19－24.

［24］刘穷志．出口退税与中国的出口激励政策［J］．世界经济，2005（6）：37－43.

［25］刘振亚，陈宇．国际农产品价格上涨对中国宏观经济的影响［J］．财经科学，2013（7）：62－69.

［26］毛捷，管汉晖，林智贤．经济开放与政府规模——来自历史的新发现（1850—2009）［J］．经济研究，2015（7）：87－98.

［27］毛其淋，许家云．贸易自由化与中国企业出口的国内附加值［J］．世界经济，2019（1）：3－25.

［28］米良．东南亚国家对外贸易法律制度的内容及特点［J］．前沿，2009（11）：61－65.

［29］沈东革，蒙莉，马念谊．税收服务“一带一路”战略研究［J］．经济研究参考，2017（23）：66－73.

[30] 沈琪，周世民．进口关税减免与企业全要素生产率：来自中国的微观证据 [J]．管理世界，2014 (9)：174 - 175.

[31] 盛斌．中国对外贸易政策的政治经济分析 [M]．上海：上海人民出版社，2002.

[32] 孙声．加纳经济改革的成就和前景 [J]．西亚非洲，1989 (5)：28 - 30.

[33] 汤贡亮，李成威．出口退税政策的经济效应：理论分析和实证研究 [J]．税务研究，2002 (12)：2 - 9.

[34] 田志宏，刘北桦．关税税率调整的经济效应及理论模型 [J]．中国农业大学学报，2001 (8)：12 - 16.

[35] 涂红．发展中大国的贸易自由化制度变迁与经济发展 [M]．北京：中国财政经济出版社，2006.

[36] 王平，曹亮，祝文娟，等．进口关税削减与企业全要素生产率——基于中国企业微观数据的实证研究 [J]．宏观经济研究，2015 (8)：48 - 64.

[37] 王婉如．技术标准、贸易壁垒与国际经济效应研究——基于“一带一路”国家的实证分析 [J]．国际贸易问题，2018 (9)：80 - 94.

[38] 吴晓怡，邵军．进口开放对中国制造业能源效率的影响——基于关税减让的实证分析 [J]．财贸经济，2016 (6)：82 - 96.

[39] 谢识予．削减关税对中国经济的影响：理论和实证 [J]．世界经济文汇，1998 (8)：3 - 7.

[40] 许统生．中国进口关税保护的动态成本估计——基于商品价格关联效应的投入产出分析 [J]．经济学动，2009 (8)：28 - 32.

[41] 许雄奇，张宗益，康继军．财政赤字与贸易收支不平衡——来自中国经济的经验证据（1978 - 2003）[J]．世界经济，2006 (2)：41 - 50.

[42] 阎坤，陈昌盛．出口退税、扩大出口与财政效应 [J]．管理世界，2003 (11)：42 - 51.

[43] 余淼杰．加工贸易、企业生产率和关税减免——来自中国产品面的证据 [J]．经济学，2011，10 (4)：1251 - 1280.

[44] 张汉林，袁佳．开放经济条件下中国收入分配状况分析——对中国入世 10 周年的总结与反思 [J]．财贸经济，2011 (11)：14 - 22.

[45] 赵书博．促进外贸平衡发展的税收政策研究 [J]．中央财经大学学报，2008 (8)：1 - 5.

[46] 郑幼锋．美国联邦所得税政策的变迁 [J]．税务与经济，2007

(2): 95 -99.

[47] 周茂，陆毅，符大海．贸易自由化与中国产业升级：事实与机制[J]．世界经济，2016 (10): 78 -102.

[48] 朱智强．世贸组织框架下我国主要对外贸易税收政策研究．国际贸易问题 [J]．2006 (9): 36 -40.

[49] Abizadeh, S. An Analysis of Government Expenditure and Trade Liberalization [J]. Applied Economics, 2005, 37 (16): 1881 -1884.

[50] Agarwal, M. India [M]. In Desai, P., ed. Going Global: Transition from Plan to Market in the World Economy. Cambridge, MA: MIT Press, 1997.

[51] Agbeyegbe, T. D., Stotsky, J., Woldemariam, A. Trade liberalization, Exchange Rate Changes and Tax Revenue in Sub - Saharan Africa [J]. Journal of Asian Economics, 2006, 17 (2): 261 -284.

[52] Ahluwalia, M. S. India's Economic Reforms [M]. In Cassen, R. and V. Joshi, eds. India: The Future of Economic Reform. Delhi: Oxford University Press, 1995.

[53] Ahmed, D. A., Suardi, S. Macroeconomic Volatility. Trade and Financial Liberalization in Africa [J]. World Development, 2009, 37 (10): 1623 -1636.

[54] Aizenman, J., Jinjarak, Y. Globalisation and Developing Countries - a Shrinking Tax Base? [J]. Journal of Development Studies, 2009, 45 (5): 653 -671.

[55] Alesina, A., Perotti, R. Income distribution, Political Instability and Investment [J]. European Economic Review, 1996, 40: 1203 -1228.

[56] Alesina, A., Wacziarg, R. Openness, Country Size and Government [J]. Journal of Public Economics, 1998, 69: 305 -321.

[57] Alesina, A., Perotti, R. The Welfare State and Competitiveness [J]. American Economic Review, 1997, 87: 921 -939.

[58] Alesina, A., Wacziarg, R. Openness, Country Size and Government [J]. Journal of Public Economics. 1998, 69: 305 -321.

[59] Alesina, A., Spolaore, E., Wacziarg, R. Trade, Growth, and the Size of Countries [J]. Handbook of economic growth. 2005 (1): 1499 -1542.

[60] Anderson, E. Openness and Inequality in Developing Countries: A Review of Theory and Recent Evidence [J]. World Development, 2005, 337: 1045 -1063.

[61] Anthony, S. Campagna. U. S National Economic Policy 1917 – 1985 [M]. NewYork: Praeger, 1987.

[62] Antras, P., Garicano, L., Rossi – Hansberg, E. Offshoring in a Knowledge Economy [J]. Quarterly Journal of Economics, 2006, 121: 31 – 77.

[63] Anwar, S. Government Spending on Public Infrastructure, Prices, Production and International Trade [J]. Quarterly Review of Economics and Finance, 2001, 41 (1): 19 – 31.

[64] Arellano, M., Bover, O. Another Look at the Instrumental Variable Estimation of Error – Component Models [J]. Journal of Econometrics, 1995 (68): 29 – 51.

[65] Arellano, M., Bond, S. Some Tests of Specification for Panel Data: Monte Carlo Evidence and an Application to Employment Equations [J]. The Review of Economic Studies, 1991, 58 (2): 277 – 297.

[66] Bahl, R. W. Alternative Methods for Tax Revenue Forecasting in Developing Countries: A Conceptual Analysis [R]. IMF Unpublished Paper. 1972.

[67] Balle, F., Vaidya, A. A Regional Analysis of Openness and Government Size [J]. Applied Economics Letters, 2002, 9 (5): 289 – 292.

[68] Banerjee, A. V., Newman, A. F. Occupational Choice and the Process of Development [J]. Journal of Political Economy, 1993, 101 (2): 274 – 298.

[69] Barth, E., Lucifora, C. Wage Dispersion, Markets and Institutions: The Effects of the Boom in Education on the Wage Structure [R]. IZA Discussion Paper. 2006, No. 2181.

[70] Baunsgaard, T., Keen, M. Tax Revenue and (or?) Trade Liberalization [J]. Journal of Public Economics, 2005, 94 (9 – 10): 563 – 577.

[71] Baxter, M. Fiscal Policy, Specialization, and Trade in the Two – Sector Model: The Return of Ricardo? [J]. Journal of Political Economy, 1992, 100 (4): 713 – 744.

[72] Benarroch, M., Pandey, M. Trade Openness and Government Size [J]. Economics Letters, 2008, 101: 157 – 159.

[73] Benarroch, M., Pandey, M. The relationship between Trade Openness and Government Size: Does Disaggregating Government Expenditure Matter? [J]. Journal of Macroeconomics, 2012, 34: 239 – 252.

[74] Bensidoun, I., Jean, S., Sztulman. A. International Trade and Income Distribution: Reconsidering the Evidence [J]. Review of World Economics, 2011, 147: 593 -619.

[75] Bernard, A. B., Jensen, J. B. Exporters, Jobs, and Wages in U. S Manufacturing: 1976 -1987 [C]. Brookings Papers on Economic Activity. Microeconomics, 1995: 67 -119.

[76] Bernard, A. B., Jensen, J. B. Exporters, Skill Upgrading, and the Wage Gap [J]. Journal of International Economics, 1997, 42: 3 -31.

[77] Berry, W. D., Lowery, D. The Growth of Government in the United States: An Empirical Assessment of Competing Explanations [J]. American Journal of Political Science, 1983, 27 (4): 665 -694.

[78] Bhagwati, J. N. Trade, Tariffs, and Growth: Essays in International Economics [M]. MIT Press, 1969.

[79] Bhagwati, J. N. Directly Unproductive Profit - Seeking Activities [J]. Journal of Political Economy, 1982, 90: 988 -1002.

[80] Biorn, E. Regression System for Unbalanced Panel Data: A Stepwise Maximum Likelihood Procedure [J]. Journal of Econometrics, 2004, 122: 281 -291.

[81] Blejer, M., Cheasty, A. Fiscal Implications of Trade Liberalization [M]. In Tanzi, V., ed. Fiscal Policy in Open Developing Economies. Washington: IMF. 1990.

[82] Bliss, C. Taxation, Cost - Benefit Analysis, and Effective Protection. In Newberry, D. and N. H. Stem, eds. The Theory of Taxation for Developing Countries [M]. New York: Oxford University Press for the World Bank. 1987.

[83] Blundell. R., Bond, S. Initial Conditions and Moment Restrictions in Dynamic Panel Data Models [J]. Journal of Econometrics, 1998, 87 (1): 115 -143.

[84] Bottini, N., Gsiorek, M. Trade and Job Reallocation: Evidence for Morocco [R]. Liuc Papers 2009, No. 224.

[85] Bourguignon, F. C., Morrisson, C. Income distribution, Development and Foreign Trade: Across - sectional Analysis [J]. European Economic Review, 1990, 346: 1113 -1132.

[86] Bretschger, L., Hettich, F. Globalisation, Capital Mobility and Tax Competition: Theory and Evidence for OECD Countries [J]. European Journal of Political

Economy, 2002, 18: 695 -716.

[87] Broda, C., Weinstein, D. E. Globalization and the Gains from Variety [J]. Quarterly Journal of Economics, 2006, 121 (2): 541 -585.

[88] Cage, J., Gadenne, L. Tax Revenues, Development, and the Fiscal Cost of Trade Liberalization, 1792 -2006 [R]. Centre for Competitive Advantage in the Global Economy, Working Paper Series, 2016, No. 303.

[89] Cameron, D. R. The Expansion of the Public Economy: A Comparative Analysis [J]. American Political Science Review, 1978, 72 (12): 1243 -1261.

[90] Cavallo, E. A. Output Volatility and Openness to Trade: A Reassessment [J]. Economia, 2008 (9): 105 -152.

[91] Chelliah, R. J., Baas, H. J., Kelly, M. R. Tax Ratios and Tax Effort in Developing Countries, 1969 -71 [R]. IMF Staff Papers, 1975, 22: 187 -205.

[92] Comia, G. A. Social Funds in Stabilization and Adjustment Programmes: A Critique [J]. Development and Change, 2001, 321: 1 -32.

[93] Cooper, R. N. Trade Policy Is Foreign Policy [J]. Foreign Policy, 1972 (9): 18 -36.

[94] David, H., Katz, L. F., Kearney, M. S. Trends in U. S. Wage Inequality: Revising the Revisionists [J]. Review of Economics and Statistics, 2008, 90: 300 -323.

[95] Davidson, C., Matusz, S. J., Shevchenko, A. Globalization and Firm Level Adjustment with Imperfect Labor Markets [J]. Journal of International Economics, 2008, 75: 295 -309.

[96] Deardorff, A., Stern. R. The Stolper - Samuelson Theorem: A Golden Jubilee [M]. University of Michigan Press, Ann Arbor, Michigan, United States. 1994.

[97] Dean, J. M., Desai, S., Riedel, J. Trade Policy Reform in Developing Countries since 1985: A Review of the Evidence [J]. World Bank Discussion Papers, 1994, No. 267.

[98] Di Giovanni, J., Levchenko, A. A. Trade Openness and Volatility [J]. Review of Economics and Statistics, 2009, 91 (3): 558 -585.

[99] Dixit, A. K., Norman, V. Theory of International Trade [M]. Cambridge: Cambridge University Press. 1980.

[100] Dollar, D., Kraay, A. Trade, Growth, and Poverty [J]. The Economic Journal, 2004, 114: 22 - 49.

[101] Dollar, D. Outward - oriented Developing Economies really do Grow More Rapidly: Evidence from 95 LDCs, 1976 - 1985 [J]. Economic Development and Cultural Change, 1992, 40: 523 - 544.

[102] Down, I. Trade Openness, Country Size and Economic Volatility: The Compensation Hypothesis Revisited [J]. Business and Politics, 2007, 9 (2): 1 - 20.

[103] Dreher, A. The Influence of Globalization on Taxes and Social Policy - An Empirical Analysis for OECD Countries [J]. European Journal of Political Economy, 2006, 22 (1): 179 - 201.

[104] Driscoll, J. C., Kraay, A. C. Consistent Covariance Matrix Estimation with Spatially Dependent Panel Data [J]. Review of Economics and Statistics, 1998 (80): 549 - 560.

[105] Easterly, W. Globalization, Prosperity, and Poverty [M] in A. Harrison ed., Globalization and Poverty, University of Chicago Press for NBER, Chicago. 2005.

[106] Ebrill, L., Stotsky, J., Gropp, R. Revenue Implications of Trade Liberalization [R]. Occasional Paper, Washington: IMF, 1990, No. 180.

[107] Ebrill, L., Keen, M., Bodin, J. - P., Summers, V. The Modern VAT [M]. Washington: International Monetary Fund, 2001.

[108] Edwards, S. Public Sector Deficits and Macroeconomic Stability in Developing Economies [R]. NBER Working Paper. Cambridge: NBER, 1996, No. 5407.

[109] Edwards, S. Openness, Trade Liberalization, and Growth in Developing Countries [J]. Journal of Economic Literature, 1993, 31: 1358 - 1393.

[110] Egger, H., Kreickemeier, U. Firm Heterogeneity and the Labor Market Effects of Trade Liberalization [J]. International Economic Review, 2009, 50: 187 - 216.

[111] Elliott, O. L. Review: The First Stages of the Tariff Policy of the United States [J]. Annals of the American Academy of Political Science, 1894 (5): 108 - 111.

[112] Farhadian - Lorie, Z., Katz, M. Fiscal Dimensions of Trade Policy. In Blejer, M. I. and K. Chu, eds. Fiscal Policy, Stabilization, and Growth in Develo-

ping Countries [M]. Washington: IMF, 1989.

[113] Feenstra, R. C. New Product Varieties and the Measurement of International Prices [J]. American Economic Review, 1994, 84 (1): 157 -177.

[114] Felettigh, A., Federico, S. Measuring the Price Elasticity of Import Demand in the Destination Markets of Italian Exports [J]. Economiae Politica Industriale, 2011, 38 (1): 2 -31.

[115] Fischer, R. D. The Evolution of Inequality after Trade Liberalization [J]. Journal of Development Economics, 2001, 66: 555 -579.

[116] Frankel, J. A., Romer, D. Does Trade Cause Growth? [J]. American Economic Review, 1999, 89 (3): 379 -399.

[117] Freeman, R. B. Are Your Wages Set in Beijing [J]. Journal of Economic Perspectives, 1995, 93: 15 -32.

[118] Frenkel, Jacob A., Razin, A., Sadka, E. International Taxation in an Integrated World [R]. NBER Working Paper Series, Cambridge and London, 1991, No. 3540.

[119] Frías, J. S., Kaplan, D. S., Verhoogen, E. Exports and Wage Premia: Evidence from Mexican Employer - employee Data [M]. mimeo, Columbia University, 2009.

[120] Castro, GÁ., Camarillo, D. B. R. Determinants of Tax Revenue in OECD Countries over the Period 2001 -2011 [J]. Contaduría Y Administración, 2014, 59 (3): 35 -59.

[121] Gaalya, M. S. Trade Liberalization and Tax Revenue Performance in Uganda [J]. Modern Economy, 2015 (6): 228 -244.

[122] Gabaix, X., Landier, A. Why has CEO Pay Increased So Much? [J]. Quarterly Journal of Economics, 2008, 123: 49 -100.

[123] Galor, O., Zeira, J. Income Distribution and Macroeconomics [J]. Review of Economic Studies, 1993, 601: 35 -52.

[124] Garen, J., Trask, K. Do More Open Economies have Bigger Governments? Another Look [J]. Journal of Development Economics, 2005, 77: 533 -551.

[125] Garrett, G. Global Markets and National Politics [J]. International Organization, 1998a. 52: 787 -824.

[126] Garrett, G. Partisan Politics in the GlobalEeconomy [M]. New York:

Cambridge University Press. 1998b.

[127] Garrett, G., Mitchell, D. The Distributive Consequences of Globalization [J]. European Journal of Political Research, 2001, 39: 145-177.

[128] Garrett, G. Globalization and Government Spending around the World [J]. Studies in Comparative International Development, 2001, 35 (4): 3-29.

[129] Glenday, G. Trade Liberalisation and Customs Revenues: does Trade Liberalisation Lead to Lower Customs Revenues? -the Case of Kenya [J]. Journal of African Development, 2002 (5): 86-118.

[130] Gersbach, H., Schmutzler, A. Does Globalization Create Superstars? [C]. CEPR Discussion Paper 2007. No. 6222.

[131] Goldstein. M., Kahn, M. Income and Price Effects in Foreign Trade [J]. Handbook of International Economics. 1985 (2): 1041-1105.

[132] Greenaway, D. A Statistical Analysis of Fiscal Dependence on Trade Taxes and Economic Development [J]. Public Finance, 1984, 39 (1): 70-89.

[133] Greenwood, J., Jovanovic, B. Financial Development, Growth, and the Distribution of Income [J]. Journal of Political Economy, 1990, 98 (5): 1076-1107.

[134] Gupta, A. Determinants of Tax Revenue Efforts in Developing Countries [R]. IMF Working Paper 2007, No. 07/184.

[135] Haque, M. E., Mukherjee, A. Free Entry and Government Revenue Under Trade Liberalization [R]. University of Nottingham Research Paper, 2004 No. 38, The University of Nottingham.

[136] Haque, M. E., Mukherjee, A. On the Revenue Implications of Trade Liberalization Under Imperfect Competition [J]. Economics Letters, 2005, 88 (1): 27-31.

[137] Harrison, A. Openness and Growth: A Time Series, Cross-country Analysis for Eveloping Countries [J]. Journal of Development Economics, 1996, 48: 419-447.

[138] Helpman, E., Itskhoki, O. Labor Market Rigidities, Trade and Unemployment [J]. Review of Economic Studies, 2010, 77: 1100-1137.

[139] Helpman, E., Itskhoki, O., Redding, S. Inequality and Unemployment in a Global Economy [J]. Econometrica, 2010, 78: 1239-1283.

[140] Helpman, E. Macroeconomic Policy in a Model of International Trade with a Wage Restriction [J]. International Economic Review 1976, 17 (2): 262 -277.

[141] Hicks, N. L. Expenditure Reductions in Developing Countries [J]. Washington: World Bank. 1988.

[142] Hitiris, T. Trade Structure, Trade Taxes, and Economic Development: An Empirical Investigation. In Tanzi, V., ed. Fiscal Policy in Open Developing Economies [M]. Washington: IMF, 1990.

[143] Hoechle, D. Robust Standard Errors for Panel Regressions with Cross - sectional Dependence [J]. The Stata Journal, 2007, 73: 281 -312.

[144] Imbeau, L. M., Pétry, F., Créte, G. J., Tellier, M. C. Measuring Government Growth in the Canadian Provinces: Decomposing Real Growth and Deflator Effects [J]. Canadian Public Policy, 2001, 27 (1): 39 -52.

[145] Imbs, J., Wacziarg, R. Stages of Diversification [J]. American Economic Review, 2003, 93 (1): 63 -86.

[146] IMF. India: Selected Issues - IMF Staff Country Report [R]. Washington: International Monetary Fund. 1998, No. 98/112.

[147] IMF. Ghana: Selected Issues - IMF Staff Country Report [R]. Washington: International Monetary Fund. 1999, No. 99/3.

[148] IMF. India: Recent Economic Developments - IMF Staff Country Report [R]. Washington: International Monetary Fund. 2000a, No. 00/155.

[149] IMF. Ghana: Statistical Index - IMF Staff Country Report [R]. Washington: International Monetary Fund. 2000b, No. 00/1.

[150] Irwin, D. A., Tervio, M. Does trade raise income? Evidence from the twentieth century [J]. Journal of International Economics, 2002, 58: 1 -18.

[151] Irwin, D. A. Against the Tide: An Intellectual History of Free Trade [M]. Princeton, NJ: Princeton University Press, 1997.

[152] Isham, J., Kaufmann, D. The Productivity of Investment Projects [J]. Quarterly Journal of Economics, 1999, 114: 149 -184.

[153] Ishikawa, S. Structural Adjustment in China, Egypt and India [C]. In Bardhan, P., Datta - Chaudhuri, M., Krishnan, T. N. eds. Development and Change: Essays in Honor of K. N. Raj. Bombay: Oxford University Press, 1993.

[154] Islam, M. Q. The Long Run Relationship Between Openness and Gov-

ernment Size: Evidence from Bounds Test [J]. Applied Economics, 2004, 35: 995 - 1000.

[155] Joshi, V., Little, I. M. D. Macroeconomic Stabilisation in India, 1991 - 1993 and Beyond [M]. In Cassen, R. and V. Joshi, eds. India: The Future of Economic. Reform. Delhi: Oxford University Press, 1995.

[156] Jones, C., Morrissey, O., Nelson, D. Did the World Bank Drive Tariff Reforms in Eastern Africa? [J]. World Development, 2011, 39 (3): 324 - 335.

[157] Kapur, I., Hadjimichael, M. T., Hilbers, P., Schiff, J., Szymczak, P. Ghana: Adjustment and Growth, 1983 - 91 [R]. IMF Occasional Paper, Washington: International Monetary Fund, 1991, No. 86.

[158] Karimia, M., Kaliappana, R. S., Ismaila, W. N., Hamzaha, Z. H. The Impact of Trade Liberalization on Tax Structure in Developing Countries [J]. Procedia Economics and Finance, 2016, 36: 274 - 282.

[159] Katz, L. F., Autor, D. H. Changes in the Wage Structure and Earnings Inequality [M]. In: Ashenfelter, O., Card, D. Eds. Handbook of Labor Economics. Amsterdam, Elsevier, 1999: 1463 - 1555.

[160] Katzenstein, P. Small States in World Markets [M]. NY: Cornell University Press, 1985.

[161] Keen, M., Murtaza, H. S. Domestic Taxes and International Trade: Some Evidence [J]. IMF Working Papers, 2006, No. 06/47.

[162] Khattry, B., RAO, J. M. Fiscal Faux Pas?: An Analysis of the Revenue Implications of Trade Liberalization [J]. World Development, 2002, 30 (8): 1431 - 1444.

[163] Kenny, L. W., Winer, S. L. Tax Systems in the World: An Empirical Investigation into the Importance of Tax Bases, Administration Costs, Scale and Political Regime [J]. International Tax and Public Finance, 2006, 13 (2 - 3): 181 - 215.

[164] Klein, L. R. Economic Fluctuations in the United States 1921 - 1941 [J]. South African Journal of Economics, 1951, 19 (4): 398 - 401.

[165] Klinger. B., Lederman, D. Diversification, Innovation and Imitation inside the Global Technological Frontier [R]. WB. Research Policy Working Paper, 2006, No. 3872.

[166] Kongrith, K. Essays on Taxation and International Trade [D]. The Claremont Graduate University, 2014.

[167] Koren, M. S. Tenreyro. Volatility and Development [J]. Quarterly Journal of Economics, 2007, 122 (1): 243 -287.

[168] Krongkaew, M. Tax Reform in Thailand: Issues and Experiences [R]. The international symposium on Asian tax reforms. Tokyo: Hitotsubashi University, 1998.

[169] Krueger, A. O. The Political Economy of the Rent - Seeking Society [J]. American Economic Review, 1974 (64): 291 -303.

[170] Krueger, A. O. Foreign Trade Regime and Economic Development: Liberalization Attempts and Consequences [R]. National Bureau of Economic Research, 1978.

[171] Krueger, A. O. Trade Policies and Developing Nations [M]. Washington: Brookings Institution, 1995.

[172] Krugman, P. The Age of Diminished Expectations: U. S. Economic Policy in the 1990's [M]. Cowbridge: MIT Press, 1990.

[173] Leamer, E. E. Measures of Openness. In Baldwin, R. E. Ed. , Trade Policy Issues and Empirical Analysis [M]. The University of Chicago Press, Chicago, 1988: 147 -204.

[174] Liberati, P. Trade Openness, Capital Openness and Government Size [J]. Journal of Public Policy, 2007, 27 (2): 215 -247.

[175] Linn, J. F. , Wetzel, D. L. Public Finance, Trade and Development: What Have We Learned? In Tanzi, V. , ed. Fiscal Policy in Open Developing Economies [M]. Washington: International Monetary Fund. 1990.

[176] Lotz, J. R. , Morss, E. R. A Theory of Tax Level Determinants for Developing Countries [J]. Economic Development and Cultural Change, 1970, 18: 328 -341.

[177] Mallikamas, S. A Study of Thailand's Readiness to Establish Free Trade Areas [M]. Faculty of Economics, Chulalongkorn University, 2002.

[178] Mann, A. J. , Wagner's Law. An Econometric Test for Mexico. 1925 - 1976 [J]. National Tax Journal, 1980, 33: 189 -201.

[179] Meltzer, A. , S. Richard. A Rational Theory of the Size of Government

[J]. Journal of Political Economy, 1981, 89: 914 -927.

[180] Milanovic, B., Squire, L. Does Tariff Liberalization Increase Wage Inequality? Some Empirical Evidence [R]. Working Paper, World Bank. DC, Washington, 2005, No 3571.

[181] Molana, H., C. Montagna, M. Violato. On the Causal Relationship between Trade Openness and Government Size: Evidence from 23 OECD Countries [C]. Discussion Paper, University of Dundee. 2004, No. 2004164.

[182] Monte, F. Skill Bias, Trade, and Wage Dispersion [J]. Journal of International Economics, 2011, 83: 202 -218.

[183] Morgan, W. I. Deficit Government [M]. Chicago, Ivan R. Dee, 1995.

[184] Mujumdar, S. Revenue Implications of Trade Liberalization under Imperfect Competition [J]. Economics Letters, 2004, 82: 83 -89.

[185] Musgrave, R. A. Fiscal Systems [M]. Yale University Press, New Haven. 1969.

[186] Nashashibi, K., S. Bazzoni. Exchange Rate Strategies and Fiscal Performance in Sub -Saharan Africa [R]. IMF Staff Papers, 1994, 41 (1): 76 -122.

[187] Ndikumana, L. Fiscal Policy, Conflict, and Reconstruction in Burundi and Rwanda [R]. Paper Prepared for the UNU/WIDER Project on New Fiscal Policies for Growth and Poverty Reduction, 2001.

[188] Nguyen, M., Nguyen, H. Stata module: Estimation of system of regression equations with unbalanced panel data and random effects [R]. Working Paper, 2010.

[189] Nurkse, R. Problems of Capital Formation in Underdeveloped Countries [M]. New York: Oxford University Press, 1953.

[190] Nurkse, R. Patterns of Trade and Development. The Wicksell Lectures for 1959 [M]. New York: Oxford University Press, 1961a.

[191] Papageorgieu, D., M. Michaely, A. M. Choksi. Liberalizing Foreign Trade [M]. Cambridge: Blackwell, 1991.

[192] Pelzman, J. Trade Liberalization and Fiscal Reform: Evidence from Two Case Studies -Morocco and Jamaica -and a General Cross -Country Econometric Analysis [R]. Working Papers, Development Alternatives, Inc., Fiscal Reform in Support of Trade Liberalization Project, 2004.

[193] Pfaller, A., Gough, I., Therborn, G. Can the Welfare State Compete? [M]. London: Macmillan. 1991.

[194] Pierre - Richard, A., Aizenman, J. Trade Liberalization and Unemployment [R]. IMF Working Papers, 1995, No 95 /20.

[195] Pierson, C. Beyond the Welfare State? [M]. Cambridge: Polity Press, 1991.

[196] Polanyi, K. The Great Transformation [M]. Boston: Beacon, 1944.

[197] Rajaram, A. Tariff and Tax Reforms - Do World Bank Recommendations Integrate Revenue and Protection Objectives? [J]. Economic Studies Quarterly, 1994, 45 (4): 321 - 338.

[198] Ram, R. Level of Economic Development and Share of Trade Taxes in Government Revenue: Some Evidence from Individual - Country Time - Series Data [J]. Public Finance, 1994, 49 (3): 409 - 426.

[199] Ram, R. Wagner's Hypothesis in Time - Series and Cross - Section Perspectives: Evidence from Real Data for 115 Countries [J]. Review of Economics and Statistics, 1987, 69: 194 - 204.

[200] Ram, R. Openness, Country size and Government Size: Additional Evidence from a Large Cross - country Panel [J]. Journal of Public Economics, 2009, 93: 213 - 218.

[201] Ramos, F. F. R. Exports, Imports, and Economic Growth in Portugal: Evidence from Causality and Cointegration Analysis [J]. Economic Modelling, 2001, 18 (4): 613 - 623.

[202] Rao, J. M. Globalization and the Fiscal Autonomy of the State [R]. Human Development Report Background Papers, New York: UNDP, 1999, No. 1.

[203] Ratner, S. The Tariff in American History [M]. New York: Van Nostrand, 1972.

[204] Reuveny, R., Li, Q. Economic Openness, Democracy and Income Inequality: An Empirical Analysis [J]. Comparative Political Studies, 2003, 365: 575 - 601.

[205] Revenga, A. L. Exporting Jobs? The Impact of Import Competition on Employment and Wages in US Manufacturing [J]. Quarterly Journal of Economics, 1992, 107: 255 - 284.

[206] Riezman, R., Slemrod, J. Tariffs and Collection Costs [J]. Weltwirtschaftliches Archiv, 1987, 12 (33): 545-549.

[207] Roberts, K. W. S. Voting over Income Tax Schedules [J]. Journal of Public Economics, 1977 (8): 329-340.

[208] Rodriguez, F., Rodrik, D. Trade Policy and Economic Growth: A Skeptic's Guide to the Cross-national Evidence [M]. In: Bernanke, B. S., Rogoff, K. Eds., NBER Macroeconomics Annual 2000. MIT Press, Cambridge. 2001.

[209] Rodrik, D. Has Globalization Gone Too Far? [M]. Washington: Institute for International Economics, 1997.

[210] Rodrik, D. Has International Economic Integration gone too far? [M]. Washington, DC: Institute for International Economics, 1997.

[211] Rodrik, D., Subramanian, A., Trebbi, F. Institutions Rule: The Primacy of Institutions over Geography and Integration in Economic Development [J]. Journal of Economic Growth, 2004, 9 (2): 131-165.

[212] Rodrik, D. Why do More Open Economies Have Bigger Governments [J]. Journal of Political Economy, 1998, 106 (5): 997-1032.

[213] Roe, A., Schneider, H. Adjustment and Equity in Ghana [M]. Paris: OECD Development Centre Studies, 1992.

[214] Romer, T. Individual Welfare, majority Voting, and the Properties of a Linear Income Tax [J]. Journal of Public Economics, 1975 (4): 163-185.

[215] Roodman, D. How to Do Xtabond2: An Introduction to Difference and System GMM in Stata [J]. The Stata Journal, 2009, 91: 86-136.

[216] Rowley, C. K., Thorbecke, W., Wagner, R. E. Trade Protection in the United States [M]. Aldershot, UK: Edward Elgar, 1995.

[217] Ruggie, J. G. International Regimes, Transactions and Change: Embedded Liberalism in the Postwar Economic Order. In S. D. Krasnered., International Regimes [M]. Ithaca: Cornell University Press. 1983.

[218] Sachs, J. D., Warner, A. M. Economic Reform and the Process of Economic Integration [C]. Brookings Papers of Economic, 1995: 1-118.

[219] Schank, T., Schnabel, C., Wagner, J. Do Exporters really Pay Higher Wages? First Evidence from German linked Employer-employee Data [J]. Journal of International Economics. 2007, 72: 52-74.

[220] Sengupta, J. K., Espana, J. R. Exports and Economic Growth in Asian NICs: An Econometric Analysis for Korea [J]. Applied Economics, 1994, 26: 41 -51.

[221] Shelton, C. A. The Size and Composition of Government Expenditure [J]. Journal of Public Economics, 2007, 91: 2230 -2260.

[222] Spilimbergo, A., Londono, J. L., Szekely, M. Income Distribution, Factor Endowments, and Trade Openness [J]. Journal of Development Economics, 1999, 59: 77 -101.

[223] Stem, N. H. The Theory of Optimal Commodity and Income Taxation: An Introduction. In Newberry, D. and N. H. Stem, eds. The Theory of Taxation for Developing Countries [M]. New York: Oxford University Press for the World Bank, 1987.

[224] Stotsky, J. G., Wolde Mariam, A. Tax Effort in Sub - Saharan Africa [J]. IMF Working Paper 1997, No. 1997107.

[225] Summers, Lawrence H. Tax Policy and International Competitiveness. International Aspects of Fiscal Policies. 349 -375 [C]. National Bureau of Economic Research Conference Report series, 1988.

[226] Swee - Hui. K. J., P. Chin - Hong, W. Chiew - Meu. Bounds Estimation for Trade Openness and Government Expenditure Nexus of ASEAN -4 Countries [R]. MPRA Paper, 2008, No. 12351.

[227] Tanzi, V., Blejer, M. I. Public Debt and Fiscal Policy in Developing Countries [M]. In: Arrow, K. J. and Boskin, M. J., Eds., The Economics of Public Debt, International Economic Association, Macmillan, London, 1988.

[228] Tanzi, V. Impact of Macroeconomic Policies on the Level of Taxation and the Fiscal Balance in Developing Countries [R]. IMF Staff Papers, 1989, 36: 633 -656.

[229] Tanzi, V. Quantitative Characteristics of the Tax Systems of Developing Countries. In Newberry, D. and N. H. Stem, eds. The Theory of Taxation for Developing Countries [M]. New York: Oxford University Press for the World Bank, 1987.

[230] Tetteh, A. K. Structural Adjustment in Africa: A Performance Review of World Bank Policies under Uncertainty in Commodity Price Trends: The case of Ghana [R]. UNU World Institute for Development Economics Research, 1994.

[231] Tosun, M. S. The Tax Structure and Trade Liberalization of the Middle East and North Africa Region [J]. Review of Middle East Economics and Finance, 2005, 3 (1): 21 -38.

[232] Tosun, M. S. , Abizadeh, S. Economic Growth and Tax Components: An Analysis of Tax Changes in OECD [J]. Applied Economics, 2005, 37 (19): 2251 -2263.

[233] Vacu, N. P, Odhiambo, N. M. A Review of Imports Structure and Reforms in Ghana [J]. EuroEconomica, 2017, 36 (1): 144 -158.

[234] Vivarelli, M. Globalization, Skills and within Country Income Inequality in Developing Countries [M]. in E. Lee and M. Vivarelli eds, Understanding Globalization, Employment and Poverty Reduction, Palgrave Macmillan, New York, 2004: 211 -243.

[235] World Bank. India: Sustaining Rapid Economic Growth [R]. Washington: World Bank, 1997.

[236] Wood, A. North - south Trade, Employment and Inequality [M]. Oxford: Clarendon Press, 1994.

[237] Yeaple, S. R. A simple Model of Firm Heterogeneity, International Trade, and Wages [J]. Journal of International Economics, 2005, 65: 1 -20.